本书由青岛农业大学人文社会科学研究基金和
山东省社会科学规划研究项目共同资助

农户承包土地经营权规模流转机制与政策研究

林德荣 著

科学出版社
北 京

内 容 简 介

进入 21 世纪以来，中国农村土地产权制度改革的创新和实践基本上是按照推动农户承包土地相对集中和农业适度规模经营这一基本线索展开的。农户承包土地所有权、承包权和经营权的“三权”分置更加明确农户承包土地经营权是农地产权流转的主要对象。本书基于中国农村土地家庭联产承包责任制将农村集体土地以承包经营的形式平均分配给每一个农村集体成员这一根本事实，希望在对当前农户承包土地经营权规模流转的运行机制及其相关政策进行分析的基础上，关注当前农户承包土地经营权规模流转面临的主要现实问题。本书力求在理论联系实际的基础上，对当前农户承包土地经营权规模流转的相关问题做出深入浅出的理性解读，并借鉴世界主要先进国家的农地产权制度安排及其流转配置创新经验，对中国农户承包土地经营权的规模流转提出一些具体的建设性建议。

本书可供从事和关注农业、农村和农民的人士、研究人员及高等院校相关专业的研究生和本科生参考或使用。

图书在版编目(CIP)数据

农户承包土地经营权规模流转机制与政策研究 / 林德荣著. —北京：科学出版社，2018.7

ISBN 978-7-03-057612-5

Ⅰ. ①农… Ⅱ. ①林… Ⅲ. ①农户-土地承包制-土地政策-研究-中国②农业用地-土地经营-土地流转-土地政策-研究-中国 Ⅳ. ①F321.1

中国版本图书馆 CIP 数据核字（2018）第120057号

责任编辑：王亚萍 / 责任校对：杨 然
责任印制：张 伟 / 整体设计：楠竹文化

科学出版社 出版
北京东黄城根北街 16 号
邮政编码：100717
http://www.sciencep.com

北京虎彩文化传播有限公司 印刷
科学出版社发行 各地新华书店经销

*

2018 年 7 月第 一 版 开本：720 × 1000 1/16
2018 年 7 月第一次印刷 印张：12
字数：220 000

定价：68.00元

（如有印装质量问题，我社负责调换）

前言

也许由于从小在农村长大，我一直对农村存在一份深深的眷恋和不舍，对家乡的人和事始终保持着一种说不清的亲切感。我出生并成长于位于胶东腹地的一个偏僻小山村，虽然没有亲身参与过20世纪70年代末开始的那场波澜壮阔的改变中国农村、农业和农民命运的伟大改革，但也对那时的中国农村存在一些较为深刻的记忆。令少时的我感受最深的是，老百姓口中所说的“包产到户”改革给普通农村家庭带来的实实在在的变化是饭菜质量和品类的明显改善：主食由集体统一经营时的红薯（干）辅之以玉米饼子，包产到户后不到两年变为以玉米饼子为主，再到后来的以白面为主要原料加工而成的多样化主食；同时，菜品也由原来的萝卜咸菜变得花色多样，虽然鱼肉等仍看似奢侈，但经常打打牙祭也不是什么大事。乡亲们不再为吃饭穿衣问题而愁眉苦脸，这可能就是我们后来所讲的由“贫穷”状态向“温饱”状态的转变吧。并且，乡亲们的精神状态也发生了较大的变化，人们普遍对未来的生活充满了信心和希冀，洋溢着喜悦和气的笑脸。

然而，曾几何时，情况开始发生变化。人们日渐不再仅仅满足于单纯的吃饱穿暖问题，而是希望获得更高的收入。一些年轻人开始向往外面的生活，选择离开乡村到周边县城，甚至更远的城市打工。日复一日，年复一年，村里的常住人口越来越少，除春节等个别重要传统节日外，再也难以见到年轻人的身影。外出务工的村民越来越多，我所在的村子常住人口由20世纪80年代鼎盛时的300多人下降到不足100人，不仅近30年村子里没有再建过新房，而且许多房屋因没人居住而倒塌也没有再行修葺。

虽然我的家乡在20世纪90年代初建立起以苹果种植为主的农业主导产业，但是由于苹果价格不稳定、自然灾害、技术不足和投入要素成本增长过快等原因，农民收入不太稳定，增收比较困难。人们在从事农业生产经营还是外出从事其他产业的问题上存在选择上的困境，一部分农户逐渐放弃最初对承包土地的珍爱心情和依赖心理，土地“撂荒”或“半撂荒”现象日趋严重。进入21世纪，中央实施的农业税费免征和新农村建设等一系列“三农”扶持政策，使得农民收入、农村基础设施和环境有所改善，但城乡收入差距与整个农业、农村和农民的面貌并未得到根本改观。

农业作为一个国家国民经济的基础和根本命脉，尤其是对于中国这样的人口大国是不允许被忽视的。如何解决整个国家在现代化进程中的“农业边缘化”“农民弱质化”和“农村空心化”问题？2013年7月，习近平总书记在湖北省鄂州市考察农村工作时明确指出，“农村绝不能成为荒芜的农村、留守的农村、记忆中的故园。”这既体现出他对农村现状的担忧，也是对农村未来发展的期望。2017年10月，党的十九大报告中提出，“实施乡村振兴战略……按照产业兴旺、生态宜居、乡风文明、治理有效、生活富裕的总要求，建立健全城乡融合发展体制机制和政策体系。”这些阐述为我们今后如何解决“三农”问题明确了总体目标和要求。

农村土地资源的配置和利用始终是农业、农村、农民问题的关键。随着工业化和城镇化的迅猛发展和经济结构转型，农村人口和农业劳动力的减少成为不可逆转的趋势和潮流，为农村土地集中和适度规模经营提供了良好的契机，但机遇和挑战并存。一方面，原来被禁锢在农村和农业的劳动力向外大量转移有利于改善长期困扰中国农村和农业发展面临的“人多地少”的局面，提高单位土地面积的劳动生产率，为实现农业适度规模经营提供了根本条件；但另一方面，如何提升农村土地流转效率，将农户手中分散而细碎的承包土地适当集中起来，从而实现土地规模经营，成为政府和社会不得不解决的现实问题。

在当前和未来很长一段时间内，解决“三农”问题，实现乡村振兴的关键是协调好“人”和“地”的关系问题，也就是解决好农村土地到底“由谁来经营”，以及“如何来经营”这一最基本的经济学命题。中国农村土地问题面临的根本事实是，农村土地家庭联产承包责任制将农村集体土地的承包经营权平均分配给每一个农村集体成员，在全国范围内基本上形成了土地集体所有、农户家庭承包经营的农村土地生产关系和基本的农业经营制度。在一定历史时期内，该生产关系极大地促进了农业生产力和农村经济社会的发展，对广大农村摆脱贫困、实现温饱做出了重要贡献，但也侧面造成了当前农村人均耕地规模狭小、经营分散而细碎的局面。据统计，全国2.46亿农户承包着20.6亿亩[①]土地，户均耕地8.37亩，而且户均拥有地块数3～5块。显然，寄希望于利用较少的农户承包土地经营规模实现农户增收，甚至富裕的目的是难以成功的；同样，寄希望于以较少的农户承包土地经营规模让那些具有较高素质和能力的人选择留在农村和从事农业经营也是难以实现的。解决办法之一就是通过土地集中和流转，适当扩大农业经营规模，加强和推进农村第一、二、三产业融合发展，从而实现让更多的资源向农村和农业集聚。

① 1亩≈666.7平方米。

农户承包土地的集中和流转是实现农业规模经营的主要手段，对促进农村土地流转市场的发育，有效推进农户承包土地的有序流转，我国实现工业化、城镇化和农业现代化具有非常重要的意义。中国广大农村普遍实施了家庭联产承包责任制以后，农户承包土地的流转政策经历了由最初的“禁止流转”到“允许流转”和“支持流转”，再到“鼓励流转”和“规范流转”的变迁过程。这一政策变迁是符合社会经济和历史发展潮流的。我国于2002年颁布实施的《中华人民共和国农村土地承包法》明确指出：“通过家庭承包取得的土地承包经营权可以依法采取转包、出租、互换、转让或者其他方式流转。”自此，中国农村土地产权制度改革的创新和实践基本上是按照推动农户承包土地相对集中和农业适度规模经营这一基本线索展开的。例如，建立健全土地承包经营权流转交易市场；对农村承包土地开展确权、登记、颁发证书工作；促进农户承包土地的集体所有权、承包权和经营权“三权”分置；鼓励农地经营权向家庭农场、生产大户、龙头企业集中；建立土地股份合作社等。这些制度创新和政策安排在一定程度上促进了土地流转和农业适度规模经营，虽然总体上取得的成果和政策绩效似乎并未达到预期水平，但至少使得农户承包土地经营权的流转成为一种基本态势。

当然，造成鼓励农户承包土地流转的制度和政策安排未达到预期效果的原因有很多，既有农户承包土地流转的内在机制和流转政策因素的影响，也存在外在的市场冲击因素的影响。举例说明，2013年和2014年，农产品价格稳中有升，加速了农地流转速度，也抬升了农地流转价格，但2015年后主要粮食作物价格急剧下滑，增加了农业经营收益的不确定性，对农地流转需求产生了较强的抑制作用。显然，主要农产品价格的稳定性对农地流转意愿、效果及其流转价格的形成具有重要影响。然而，这种实际性的外部冲击难以由农业市场经营主体预测和把控，只有在实现农地流转的内在机制健全完善及流转政策成熟灵活的条件下，才可以尽可能地减少或消除外在冲击的影响。

新制度经济学认为，市场经济的核心是产权，强调各种资源和物品买卖的本质是产权的交易。尤其是对于中国这样一个由原来的计划经济向市场经济转型的国家，改革实质上是产权制度变革和产权的可市场化，产权变现的关键是能够实现资源的自由流动。从以往的实践经验看，农户承包土地产权规模流转主要表现为经营权的流转，虽然一些地区也存在少量的承包经营权流转，但只占其中极少的一部分，而且主要存在于农户之间的零星流转中，并不占主流。尤其是实施“三权”分置后，中央政策的导向明确强调和倡导农户承包土地经营权的流转，因此，本书研究的主题和重点是“农户承包土地经营权规模流转”。当然，在书中的不同部分，因所指代的范围不同，有时亦使用“农户承包土地产权流转”一词。

本书主要关注的是农户承包土地经营权规模流转的内在运行机制问题，以及相关制度创新和政策安排的作用和影响。希望在对当前农户承包土地规模流转的运行机制及其相关政策进行厘清和分析的基础上，关注并试图在理论上对当前农户承包土地经营权规模流转面临的重要现实问题进行解读和揭示，从而为引导和加快农户承包土地经营权流转，促进农村土地产权市场发育，实现农业适度规模经营提供一定的参考和帮助。因此，本书主要包括以下内容。

①基于农业适度规模经营的视角，结合中国目前农户承包土地经营所呈现的重要特征分析了农户承包土地集中和流转的必要性。

②介绍并简要评述了中国农地产权制度的历史演进，以及改

革开放以来农户承包土地产权流转的政策变迁。

③揭示农户承包土地产权流转的运行机制，包括流转方式、流转途径和流转价格的决定等。以山东省为例，利用问卷调查，针对家庭农场和普通农户的承包土地产权流转状况进行实证研究，将农户承包土地产权的流转划分为“多对一”和“一对一”的流转形式，对农户承包土地产权的零星流转和规模流转的运行机制进行比较分析，发现了农户承包土地产权规模流转和零星流转所呈现的主要特征及其不同之处，并得出了一些与以往诸多研究不同的结论。

④运用利益相关者理论，构建农户承包土地流转中利益相关者的利益/权力矩阵，分析得出以村干部为主要代表的中介人在农户承包土地经营权流转中所扮演的关键性角色。然后，构建二阶段“委托—代理”模型探讨了村干部和农户在农户承包土地经营权流转中的激励约束机制、行为选择及其影响。

⑤利用交易成本理论分析农户承包土地经营权规模流转的效率问题。通过对场内交易和场外交易两种不同流转途径所花费交易成本的比较研究得出，决定农户承包土地经营权的交易者不愿意选择场内交易的根本原因并不是基于对农地流转效率的考虑，而是来源于农户承包土地经营权的规模流转需要先行集中问题的考量。因此，农户承包土地的集中是影响农户承包土地经营权流转途径和流转效率的主要因素。

⑥对美国、德国和日本等主要发达国家基本的农地产权制度安排、流转政策的演变及其流转状况进行了较为详细的描述，并通过比较分析，以期获得对中国农户承包土地经营权流转的借鉴和启示。

农户承包土地经营权的规模流转关系到未来中国农村和农业的发展和兴衰，涉及成千上万农户的切身利益，牵涉面广，影响深远，并不能仅将其理解为是一个简单的经济问题，而也应该视其为一个复杂的社会和政治议题。所以，虽然本人极为努力，但由于知识水平所限，书中不足之处在所难免，恳请广大读者批评指正。

本书的出版得到山东省社会科学规划研究项目“基于城乡发展一体化的农村产权交易市场机制创新研究”（15CJJJ37) 和青岛农业大学人文社会科学研究基金的资助，在此一并表示感谢。

目 录

第一章
农户承包土地经营权流转和适度规模经营

农业用地（以下简称农地）是农业生产中最基本的生产要素。中国农村在20世纪80年代初实施的家庭联产承包责任制，使成千上万的农户家庭获得了农地的承包经营权，广大农户成为农业生产和经营的微观主体。毋庸讳言，尽管近40年来，学术界对家庭联产承包责任制的讨论从来没有停止过，但不可否认的是，在一定历史时期内，农村土地承包经营成功地解放和促进了农村和农业生产力，激发了广大农民的生产积极性，使大多数农户家庭在较短时间内摆脱贫困，实现温饱。

然而，随着工业化、城镇化和农业现代化的推进，大批农业成熟劳动力转移到城市和其他产业，广大农村出现了“空巢”现象。一些地区农业生产副业化，农业经营超小规模化，耕地撂荒和闲置现象较为严重[1]。同时，农业生产成本上升，经营效率和竞争力低下，农户家庭的农业收入增加困难。多年的实践经验表明，寄希望于广大农户家庭单纯依赖小规模的农地经营收入实现由温饱向小康的跨越几乎是不可能的。

这说明，农村家庭联产承包责任制造成的土地细碎化和土地经营规模过小难以适应现代农业对专业化、集约化、商品化和规模化的要求，无法有效促进农民增收和农村经济发展，客观上要求对农村土地经营制度和机制进行改革和创新。创新的关键需要从农业供给侧改革入手，通过农业科技创新和制度创新提高单位面积土地的劳动生产率。其中，土地制度创新是农业供给侧改革的核心和根本，只有制度创新为妥善解决“由谁来种地”的问题奠定基础后，“如何种地”和提高农业竞争力的问题才会迎刃而解。

第一节　中国农业生产现状及其特征

家庭联产承包责任制将中国农村原来由集体统一经营的土地基本按照家庭人口的多寡平均分配给每个农户。只要你是社区的成员，你就有权获得社区范围内的土地，并且社区内的土地要根据所有社区成员来均分[2]。同时，为保证公平公正，许多地区承包农地的最初分配是根据距离远近、土壤肥薄和灌溉条件等进行搭配的，往往把整块土地人为地分割成许多小块分户经营，并通过田埂和沟堰等标志划分和明晰不同农户的耕地界限。这种分配方式导致农户农地经营规模极其狭小和农户拥有农地分布的高度细碎化。目前，我国的2.46亿农户承包着20.6亿亩耕地，户均耕地面积8.37亩[3]，仅相当于日本和韩国的1/3，更无法和欧美等国家相比。而且，在如此之小的土地经营规模上，一般农户家庭所拥有的地块数量为3～5块，有的甚至多达10块。

拘泥于狭小规模的农地分户经营是中国目前农业生产最重要的现实，同时，也是形成中国农业生产特征的主要原因。总体而言，中国农业生产基本呈现出以下重要特征。

一、农业从业劳动力素质低

农户家庭狭小的农业生产规模是直接导致拥有较高素质的

农业劳动力流失的根源。劳动力素质越高，越希望并越有能力获得与之相匹配的收入。当农业从业收入无法满足其所期望的收入水平时，农村劳动力就会向其他产业转移。我国农村现有劳动力5.31亿人，而《2016年农民工监测调查报告》显示，农民工总量达到近2.82亿人，占农村劳动力的一半以上，其中，外出农民工超过1.69亿人，约占农村劳动力总量的1/3；农民工以青壮年为主，平均年龄为39岁，初中文化程度及以上的农民工占总数的85.8%；1980年及以后出生的新生代农民工已成为农民工的主体，占全国农民工总量的49.7%[4]。可见，农民工群体是农村劳动力中一个具有较高素质而且年轻有活力的群体。同时，随着城镇化水平持续提升，人口越来越向城市群聚集。《中国流动人口发展报告2017》显示，流动人口平均年龄持续上升，“八〇后”“九〇后”新生代流动人口比例稳步增长，2016年已达64.7%，成为流动人口中的主力军，且家庭化流动趋势明显，居留时间增加明显。随着城市人口居留政策的改善和开放，许多农村新生代流动人口将选择以家庭形式留在城市生活和工作。

《第三次全国农业普查主要数据公报》显示，2016年，在全国农业生产经营人员中，初中及以下文化程度者占91.8%。纵观全国，目前除本地有重要产业支撑的农村区域之外，务农劳动力除了留守妇女外，男性务农劳动力年龄绝大部分在55岁以上，45岁以下青壮年鲜有务农者。这部分人员从事农业生产的主要原因通常是由于年龄偏大，文化素质偏低，难以在城市和农业以外的其他行业找到工作，而不得不从事农业生产。

二、农业科技推广困难

一方面，对个体农户来说，农地经营规模狭小，农业新科技利用的总体效益不明显，导致农户对新科技的需求意愿低，动力不足；另一方面，农业科技推广人员面对众多经营分散、生产品种多样、素质参差不齐的小规模农户，推广难度增加，成本提高，农业科技推广供给意愿低。同时，农业从业人员文化素质普遍低下导致其对新科技的接受能力不足。可以说，农业经营规模狭小和农业从业人员素质水平低下使得目前农业科技推广陷于难以自拔的困境，农业科技研发和农业从业人员处于两个极端：一端是缺乏农业生产和实践经验的“高大上”的农业科研人员；另一端是只能从事传统简单的田间管理的农业生产人员。而有文化、懂技术、会经营、通管理的能够将处于两个极端的人员有效连接起来的中间群体却严重缺乏，产生农业科技利用的“断层”现象。因此，现代农业科技和实际农业生产、农业生产和市场如何做到有效衔接是传统农业向现代农业转型不得不考虑的重要问题。

三、农业标准化程度低

农业标准化是现代农业发展的必然要求，也是实现农产品品牌化和获得农业高附加值的重要条件。实践表明，推进农业标准化有利于加强农业机械化，提高农业生产效率；有利于提升农产品质量安全水平，增强市场竞争力；有利于农业生态环境保护，保证农业生态安全。目前，中国农产品供给的主要问题是农产品供给呈现结构性过剩，导致主要农产品产量、库存量和进口量“三量齐增”的现象发生，其实质是许多农产品生产盲目追求产量，不能满足消费者对农产品质量和安全的要求，对农产品绿色安全水平充满疑虑和不信任。要消除消费者的疑虑，提振消费者的消费信心，必须坚持农业供给侧结构性改革，而促进农业生产、加工、流通等各个环节的标准化是破解此难题的有效手段。

然而，在目前农业生产状态下，面对千家万户，面广量多的小规模细碎化经营的农业微观生产组织，很难建立和推行行之有效的农业标准化生产体系，导致农业标准化程度较低。

四、农业生产成本居高不下，缺乏竞争力

由于大多数农产品具有缺乏需求弹性的经济属性，需求相对稳定，农业生产成本急剧上升必然会导致生产者利润空间遭受严重挤压，农业竞争力下降。导致农业生产成本居高不下的原因虽然有很多，但农户家庭生产规模过于狭小和耕地的细碎化使得农业劳动生产率难以有效提升，始终处于较低水平，无法取得重大突破是其根本原因。据测算，玉米、小麦、稻米和大豆等主要大宗农产品的国内生产价格比国外进口到岸价格平均高 30%～50%。美国生猪养殖成本折算成人民币大约为 6.2 元 / 千克，国内年出栏量 500 头以下的养殖户的生猪养殖成本平均为 11.6～13.2 元 / 千克，生产成本比美国多一倍，而且，中国 55%的生猪由年出栏量 500 头以下的养殖散户提供，而美国 80%的生猪由规模化养殖场提供。可见，生产规模过于狭小是造成农业劳动生产率低下、农业生产成本高的主要原因。

同时，城市化和工业化的迅猛发展，使农户家庭能够获得更多的非农就业和收入机会。对于许多农户家庭来说，农业收入在家庭总收入中所占的比重日渐降低，农业生产地位下降。面对规模偏小的农地，在许多农户家庭中，农业生产已由原来的主导性产业变成辅助性产业或农户兼业，由原来的精耕细作变成粗放型管理，许多农户从事农业生产经营的意愿明显下降，不再将劳动力和精力用于农业的生产经营方面，导致农产品产量和品质下降，农业竞争力愈来愈弱。

第二节　适度规模经营是农地利用的发展方向

始于1978年的农村家庭联产承包责任制下的农地家庭承包经营在基本上解决了农村“温饱”问题后，于20世纪80年代末90年代初开始出现农业生产和农民收入增长缓慢的情况，产生了所谓的“三农”问题。为此，中央实施了各种政策试图解决“三农”问题，如稳定和延长土地承包期，农业税费减免，粮食保护价收购，建立农产品销售“绿色通道”等，但总体未能达到预期效果。显然，问题的根源不在于农业生产和经济本身，而是农业基本经营制度与农业生产力和农民的发展要求不相匹配，相互脱节。

任何一项制度要能够充分发挥其效能，必然与该制度制定时生产力和生产关系的状况相契合，随着生产力和生产关系的变化，相关制度也必须随之改变和创新，以适应新的情况发展。改革开放以来，中国经济经历了40年的高速增长，农业生产力与改革之初自然不可同日而语，农村生产关系也发生了深刻变化。目前，中国正处于由传统农业向现代农业转型的关键时期。中国农地的利用现状表明，农村家庭联产承包责任制所引起的农地经营规模偏小且分布细碎化的问题已经制约了农地配置效率的提高和农户农业收入的提升空间，成为现代农业发展的主要障碍。因此，实现农业现代化的首要环节是适当扩大农地经营规模。

一、偏小的农地经营规模不再适应“三农”发展要求

目前，学术界对农业生产规模报酬递增或递减的问题尚存在争议。例如，有人认为，较小的经营规模能够使农户家庭投入

更多的劳动，在单位土地上精耕细作，对土地生产率的提升有促进作用；也有人认为，规模较大的农场更有能力利用现代生产要素，采用新的农业技术，抵御风险能力强。然而，笔者认为，农业生产规模报酬问题显然不应该是当前探讨农业、农村、农民发展的重点问题。实质上，只有当农地经营规模达到一定水平时，针对规模报酬的探讨才会更具现实意义。

一方面，随着工业化和城市化的发展，农村经济和社会结构开始发生剧烈变迁，农户劳动力转移和非农收入比例增加[5]，当非农收入逐渐占据农户家庭收入的主体地位时，农业收入，尤其是种植业收入对于农户家庭而言变得越来越无关紧要，势必导致农户从事农业生产的积极性下降。这一点从近年来全国各地农村出现的农地“撂荒”和“半撂荒”现象可见一斑。

另一方面，农户家庭作为理性经济个体，只有当农业生产是其唯一就业机会和收入来源时，精耕细作才有助于提高单位耕地上农作物产量和农户收入，但是当农户就业或收入来源存在其他机会时，农户就会对农业就业和非农就业，以及精耕细作和粗放管理的成本和收益进行比较，较高的非农就业收入机会将促使越来越多的农业成熟劳动力离开农业生产而选择非农就业。家庭联产承包责任制固有的家庭土地分散经营与家庭优质农业劳动力资源缺乏的矛盾日益凸显[6]，这使得单位土地的精耕细作行为进一步失去了劳动支撑，导致农业土地生产效率呈现下降趋势。

因此，当前解决“三农”问题的途径不应该是如何想方设法把广大农民仍然捆绑在狭小规模的农地生产经营上，而是应该考虑如何因势利导，让已经从事其他产业的农民真正离开农业，让农业生产也变成有利可图并能够和其他产业收入相当的“体面”职业。这就需要单个农户家庭的农地经营规模的扩大，让农地适当集中于愿意从事农业且具有较高农业经营能力的人手中。

二、社会经济发展为农地规模化经营创造了根本条件

一个国家农地规模化经营程度的高低与其经济社会发展水平密切相关。农业作为国民经济的基础产业，始终承担着保障国民基础供给和生存安全的基本职责。当一个国家经济发展和生产力水平较低时，农业的基本职责表现得更为突出，大多数国民的生产和生活不得不依赖于农业。随着生产力水平的提高和经济社会的发展，人们能够逐渐从农业生产领域脱离出来而转向生产力水平更高的其他产业，农村和从事农业的人口就会越来越少，这为单位农地经营规模的扩大提供了契机。发达国家的农业发展经验表明，经济社会的发展通常和农地经营规模存在正向变化关系，如表 1-1 所示。

表 1-1 美国等 5 个经济发达国家的人均 GDP 与农场经营规模的变化情况

年份	变量	美国	加拿大	澳大利亚	法国	日本
1950	人均 GDP/ 美元	9 560	7 291	6 519	5 186	1 921
	农场规模 / 亩	1 304.9	1 679.9	22 993.2	270	13.2
1970	人均 GDP/ 美元	15 028	12 050	13 759	11 410	9 714
	农场规模 / 亩	2 414.9	2 804.9	29 888.7	390	17.2
1990	人均 GDP/ 美元	23 200	18 872	20 691	17 647	18 789
	农场规模 / 亩	2 789.9	3 614.8	54 010.9	480	27.7
2010	人均 GDP/ 美元	31 145	24 941	25 925	21 477	21 935
	农场规模 / 亩	2 534.9	4 709.8	63 735	795	43.3

资料来源：吴晨 . 家庭农场经营规模影响因素分析——以美、加等 7 国历史数据为例 . 当代经济管理，2016，38（6）：37

第二次世界大战之后，西方发达国家的经济实现了较快速度的增长，与此同时，各国农场的经营规模基本上亦呈相应的扩大势态。这主要可以归结为以下原因：一是工业化和城市化的进一步发展，使得越来越多的农民有机会转移到非农产业就业，农地流转增加，农场规模呈现出不断扩大的趋势[7]；二是教育的普

及和公民素质的提升使人们有能力离开农村，在城市获得稳定工作并生活定居；三是先进农业技术和农业机械设备的推广和运用为农场经营规模的扩大提供了坚实的物质基础，农业生产效率大幅度提升，使单个农场更有能力经营更大规模的农地；四是良好的社会、文化、制度和政策环境使农民具有充分的自由选择的权利，农民能够基于实现自身利益最大化的目标自由择业和自由进行土地交易和流转。

改革开放以来，中国年均经济增长率高达9%左右，2015年人均国内生产总值突破8 000美元大关，达到8 280美元。经济的快速增长不可避免地带来社会结构的剧烈变迁，大量农村优质成熟劳动力转向非农就业，其中，许多农民逐步转移至城镇工作和生活，农村“空心化”和耕地闲置现象大量发生。一方面，农业从业人员数量急剧下降，绝对数量每年减少1 000万人以上。第一产业从业人员占全社会就业总量的比重从1978年的69.6%下降到2000年的50.0%，到2016年已下降到28.3%。另一方面，随着城乡一体化发展，不以农业收入为主的普通农户数量快速增长。全国农村经营管理统计数据显示，非农户和非农业兼业户数量从2009年的3 993万上升到2016年的4 698万，平均每年增加100万户。因此，从中国目前的社会经济发展水平看，在许多地区，尤其是经济更为发达的中东部地区，扩大农户农地经营规模的经济、社会条件已经基本具备。

三、适度规模经营与农业供给侧结构性改革方向相契合

目前，我国农业的主要矛盾已经由总量不足转变为结构性供给过剩的矛盾。其主要表现为：主要农产品呈现阶段性过剩和结构性过剩；生产成本不断攀升；农产品质量安全存在缺陷，而

且难以追溯和辨别，消费者认可度低，难以有效激发消费者的消费欲望。上述矛盾和问题产生的主要根源来自农业生产和供给方面，应该通过农业供给侧结构性改革加以解决。习近平总书记指出，“推进农业供给侧结构性改革，提高农业综合效益和竞争力，是当前和今后一个时期我国农业政策改革和完善的主要方向”。显然，市场经济条件下，规模狭小分散的农地经营由于个体农户对农业生产要素投入能力弱，难以获取相对充分完备的市场信息，缺乏讨价还价能力，标准化实施困难，农业生产效率难以有效提升，从而导致农业综合效益低，竞争力弱。因此，只有率先实现土地生产经营的规模化，才能有效提升农业经营效益，才能吸引高素质的农业劳动力回归并专注于农业生产和经营，才能提高农业竞争力水平。

毋庸讳言，农业供给侧结构性改革实质上是现代农业发展的根本环节和基础，而实现农业适度规模经营是农业供给侧结构性改革的基本前提。若不能实现农业生产一定程度的规模化，农业供给侧的其他一切改革可能都难以开展和深入。中央和各级政府已经充分意识到实现农业适度规模经营的重要性，希望通过多种形式推进农业适度规模经营。例如，2013 年中央一号文件《中共中央 国务院关于加快发展现代农业 进一步增强农村发展活力的若干意见》明确提出，“鼓励和支持承包土地向专业大户、家庭农场、农民合作社流转，发展多种形式的适度规模经营”；2014 年中央一号文件《关于全面深化农村改革加快推进农业现代化的若干意见》再次提出“家庭农场经营规模适度”的问题；2015 年中央一号文件《中共中央 国务院 关于加大改革创新力度 加快农业现代化建设的若干意见》提出，“鼓励发展规模适度的农户家庭农场，完善对粮食生产规模经营主体的支持服务体系。”2016 年，中共中央办公厅、国务院办公厅印发《关于完善农村土地所有权承包权经营权分置办法的意见》，将农村土地承包经营权进一步划分为承包权和经营权，实行所有权、承包权、经营权“三权”分置并行，引导土地经营权流向种田能手和新型经营主体。

2017年中央一号文件《中共中央 国务院关于深入推进农业供给侧结构性改革 加快培育农业农村发展新动能的若干意见》进一步明确指出，“通过经营权流转、股份合作、代耕代种、土地托管等多种方式，加快发展土地流转型、服务带动型等多种形式规模经营。”

第三节　农地适度规模经营的主要组织形式

自20世纪八九十年代，全国各地就已经开始了各种形式的寻求农地适度规模经营路径的探索。其中，农村土地股份合作社、土地托管和家庭农场（或专业大户）是最为主要和流行的组织模式。

一、土地股份合作社

土地股份合作社是指在坚持遵从农村土地承包农户自愿，在确保农户土地承包权不被变更的的基础上，以土地承包经营权或土地经营权作价入股，按股分红，共同组建合作社。它是在合作制基础上实行股份制的一种新型合作经济组织，其基本特点是在以农户土地承包经营权入股的基础上，按劳分配与按股分红相结合，通过劳动、资本和技术的联合，对合作社土地进行统一经营管理，实现农地适度规模经营。通常，农户参与土地股份合作社可以获得三种收益，分别是入股土地资本收益、土地经营收益和劳动收益。

目前，许多农业企业对土地的需求是通过土地股份合作社来实现的。通常认为，土地股份合作社能够形成企业与农户的长期固定合约，减少可能由于土地产权变更引起的企业投入的已附着于土地上的资产成本，农户能够拥有充分的土地剩余索取权，企业更容易融入社区，与农民结成更紧密的利益关系，从而降低土地交易费用，实现土地利用的最少成本。但是，农业企业通过土地股份合作社实现与农户的有效联合必须建立在更为高效的土地生产率之上。

二、土地托管

土地托管是指部分不愿耕种或无能力耕种的农户把承包土地委托给种植大户或合作社等个人或组织代为耕种管理，并由农户向其交纳一定的管理费用，收获后的土地产出品归农户所有和支配的实现土地规模化经营的一种方式。近年来，许多地区针对农村土地“撂荒”或“半撂荒”现象严重，而许多农户又存在“惜地”心理，不愿意放弃土地的承包经营权的问题，创新性地采取了土地托管方式。

与土地流转不同，土地托管只是农户将农业生产的其中几个环节或全部环节委托给他人或组织实施，并没有使农户放弃所承包土地的承包权和经营权。这实际上是在不涉及和改变土地任何产权基础和结构的前提下而实现农地的适度规模经营，在一定程度上可以避免农地流转成本的发生，也可以避免农地被用于承包农户所不愿意的其他用途。

三、家庭农场

家庭农场是世界主要国家现代农业生产经营主体的主导模式。在中国，家庭农场概念的正式提出出现在2008年的十七届三中全会报告《中共中央关于全面深化改革若干重大问题的决定》中。报告中明确指出，“有条件的地方可以发展专业大户、家庭农场、农民专业合作社等规模经营主体。”然而，该报告并没有从内涵和政策上对家庭农场进行明确清晰的界定。2013年中央一号文件《中共中央 国务院关于加快发展现代农业 进一步增强农村发展活力的若干意见》明确指出，“坚持依法自愿有偿原则，引导农村土地承包经营权有序流转，鼓励和支持承包土地向专业大户、家庭农场、农民合作社流转，发展多种形式的适度规模经营”“新增补贴向主产区和优势产区集中，向专业大户、家庭农场、农民合作社等新型生产经营主体倾斜”。2014年2月颁布的《农业部关于促进家庭农场发展的指导意见》对家庭农场的概念进行了较为清晰的界定。该意见指出，家庭农场是以农民家庭成员为主要劳动力，以农业经营收入为主要收入来源，利用家庭承包土地或流转土地，从事规模化、集约化、商品化农业生产的新型农业经营主体。

四、关于农地适度规模经营主要组织形式的辨析

从实践看，土地股份合作社、土地托管和家庭农场（或专业大户）是目前中国农村实现农地适度规模经营的三种典型的有代表性的组织模式。其目的都是将农户承包的零散经营的农地集中起来，以获得规模经营的好处。然而，三者的组织和运行管理机制实质上存在较大差异，各有特点，主要体现在以下几个方面。

（一）土地集中方式不同

以上三种组织模式均是设法将农地适当集中连片，进行统一生产或经营。土地股份合作社采取的是“土地入股+劳动资本合作”的组织模式；土地托管采取的是“委托经营”的组织模式；家庭农场采取的是土地承包经营权的“流转交易”模式。相对而言，土地托管的土地集中方式成本相对较低。农户在对农地产权制度改革政策的认知不稳定，对未来预期不明确的情况下，可能会更倾向于不需丧失农地经营权的“土地托管”模式。然而，现实中，土地托管模式的实施存在三个难点：一是能否寻找到一个善于从事农业生产和日常经营管理的被委托主体；二是如何保证土地的经营效率；三是如何约束一些农户的经常选择性退出而确保土地经营规模的相对稳定性。

（二）土地经营主体不同

准确地讲，土地股份合作社并不是一种独立存在的组织形式，它通常是农业企业等经济实体与农户结合的媒介，其经营主体实质是农业企业等经济实体。土地托管模式的经营主体虽然仍是土地承包农户个体，但被委托者对如何经营及经营绩效也具有相当大的话语权和影响力。家庭农场的经营主体是家庭农场主。在家庭农场经营中，家庭主要成员既是农场的主要劳动力，也是农场的管理者和经营者。这就要求，经营家庭农场的家庭主要成员不仅要像传统农民一样熟悉各种农业生产技能和耕地管理经验，而且必须具有现代农业经营能力与一定的科技和管理水平。也就是说，家庭农场主必须成为一个既掌握现代农业生产技术，又具有经营头脑和管理能力的“新型职业农民”。

（三）农户所得收益不同

通常，农户作为土地股份合作社的社员，可以获得三个方面的经济收益，即土地入股保底收益、土地入股分红收益和参与合作社劳动收益。一般情况下，土地入股保底收益相当于或可能低于土地租金价格，农户能否获得劳动收益要看土地经营对劳动力的需求和农户的参与意愿，而土地入股分红收益通常占很少比例。农户进行土地托管可获得的经济收益是扣除一定土地管理费用的土地经营收益，其大小往往取决于土地经营被委托者的努力程度。在家庭农场模式中，农户获得的是较为稳定的农地流转收益。

（四）土地经营目标不同

农业企业组建土地股份合作社主要是为保障其数量充足的而且质量能够得以保证的原料供给。在土地托管模式中，农户和土地托管方是一种“委托—代理”关系，二者的经营目标呈现不一致性，其目标的达成取决于能否对被委托者形成有效的激励约束机制。相比而言，家庭农场的目标定位比较纯粹单一，它追求土地经营收入最大化作为唯一目标。

不管是土地委托经营、股份合作经营，还是家庭农场经营，虽然具有各自的经营特征、手段和目标，但都要求土地的相对集中成片，以降低农地经营成本，提高竞争力，获得规模经营的好处。这就需要农地能够在一定范围内以较低的交易成本进行集中连片。由于农户的偏好不同，土地规模经营者的特征和经营目标不同，政府政策的导向存在差异，从而导致不同地区农地适度规模经营的模式选择不同。

第四节 家庭农场是当前重点培育的农村新型经营主体

中央确定把专业大户、家庭农场、农民合作社等视为农村新型经营组织体系的重点发展主体，希望通过加强培育这些新型经营主体引导和实现农业适度规模经营，提高农业经营效率和竞争力。但从现实看，家庭农场应该成为目前中国最重要的、最应该加强培育的农村新型经营主体。

首先，家庭经营到目前为止被证明是最有效率的农业生产组织形式。家庭农场是建立在农户家庭经营基础上的从事规模化、集约化、商品化农业生产的新型农业经营主体，具有家庭经营和规模经营的双重优势。农业家庭经营具有强大的生命力。其一，家庭农场经营目标明确，能够有效降低监督和管理成本，正如经济学家林毅夫所言，家庭农场的优越性在于农民为自己生产。其二，在农业生产力达到一定水平的条件下，家庭规模经营和赢利能力能够进一步拓展，激发家庭农场扩大规模的积极性。从世界范围看，世界上主要的经济和农业发达的国家和地区，如美国、加拿大、法国、英国、德国、日本、澳大利亚等，农业家庭经营方式均占据绝对主导地位。

其次，家庭农场和专业大户基本属于同种类型的经营主体。在中国，专业大户产生得比较早，并没有明确的概念和严格界定，主要是指围绕某一种农产品从事专业化生产和经营的农户家庭，其经营规模明显高于一般种养农户，产品主要以通过市场销售而实现赢利为目的，不同于一般农户在其满足家庭消费后的“剩余产品”的售卖。从实践看，专业大户和家庭农场并没有本质上的区别，均是以农业规模化、集约化和商品化作为实现手段，追求农业经营收入最大化，并以其为家庭主要收入来源的新型农业经营主体，二者的主要区别只不过是存在政策上的不同界定。从政策实践看，家庭农场明确规定以农民家庭劳动力为主，而对专业大户的雇工人数并没有具体界定。家庭农场一般要求进行工商登记，而对专业大户没做相关要求。家庭农场既可以从事专业化经营，也可以开展综合经营。因此，可以将专业大户和家庭农场看作是同类型的农业经营主体，对二者没有必要进行实质区分。

最后，与农民合作社相比，家庭农场和当前中国所处的农业发展阶段更相契合。农民合作社是农民采取自愿联合、民主管理的方式而形成的互助性经济组织。然而，合作社的组建并不是一蹴而就的，它需要一个，甚至几个好的“带头人”或“能人”的带领，这些“带头人”或“能人”不仅需要具有实际的规模农业经营能力，而且也要有足够的组建合作社的意愿。另外，更重要的是，在现实中，大多数农户生产规模过小，使得他们参与专业合作社的实际纯收益与不参与合作社相比并不能得到明显改观，从而导致许多以小农户为主体的专业合作社激励缺失而名不副实，或以失败告终。从调研中也可以发现，许多农业规模经营实体持有两种经营执照——其中一个是家庭农场，另一个是农民专业合作社。这往往是实质形式的家庭农场（或专业大户）为应付上级政府的合作社达标检查或套取补贴的一种违规行为。

实践证明，目前有些由极小规模的农户组建的专业合作社在创建过程中存在行政干预过于浓厚，缺少“能人”的带领，在合作社内部没有形成有效的激励和凝聚力、稳定性差、竞争力弱的情况，难以承担和发挥农村新型经营组织体系的主体作用。然而，具有较大规模的家庭农场和专业大户联合组建的合作社，其合作收益可能远远大于合作成本，从而产生强烈的合作愿望，而且，由于社员实力相当，专业经营，不容易产生“内部人控制”等问题，从而能够保证合作社的稳定性和市场竞争力。未来农民专业合作社将是在家庭农场和专业大户联合基础上，小农户可自愿参与。在现阶段，家庭农场刚刚起步，还需要一个长期的发展培育过程，应该注重和抓紧对家庭农场的培育。

第五节　农地流转是实现适度规模经营的主要途径

规模化是农业现代化的主要特征之一，实现适度规模经营离不开农地的高效流转。农地流转将引起农地利用方式、农地经营规模，以及农地生产结构的改变。基于农户自愿基础之上的农地高效无障碍流转是激活农村固化资源，促进农村各类生产要素的合理流动和优化配置的根本，推进工业化、城镇化和农业现代化互动发展的动力。

从理论上讲，农地的高效流转起码需要具备四个基本条件：一是制度明晰且受到严格保护的农地产权制度，这一制度不仅是对农户，而且是对参与农地流转中的各经济主体的权益进行有效保护；二是拥有一批有志于且善于从事农业生产经营的“职业农民”；三是农地经营存在潜在的投资机会，农村新型经营主体通过捕捉和挖掘，能够建立起适合于本地资源条件的比较优势产业；四是具有富有成效的，能够极大地节约交易成本的农地流转中介和金融服务的制度安排。这就要求做到以下几个方面。

一、把农民塑造成具有明确法治意识和市场意识的产权主体和市场主体

“谁来种地”和“怎样种地”是实现农业现代化的关键。习近平总书记在2013年中央农村工作会议上指出，“农村经济社会发展，说到底，关键在人”“现代农业发展需要培养更多爱农业、懂技术、善经营的新型职业农民”。具备现代产权意识和市场意识是新型职业农民的基本素质。因此，如何通过各种适当的方式把农民塑造成有明确现代意识的产权主体和市场主体，确保农户拥有的各类产权的商品化和市场化流转是实现农地适度规模经营的基础和根本条件。党的十八届三中全会报告《中共中央关于全面深化改革若干重大问题的决定》明确指出，“要加快构建新型农业经营体系”“赋予农民更多财产权利”“赋予农民对承包地占有、使用、收益、流转及承包经营权抵押、担保权能，允许农民以承包经营权入股发展产业化经营”。

实质上，若农民不具有明确的产权意识和市场意识，农地就难以遵循市场和价格机制实现配置效率。从目前的实践看，农地流转存在两个困境：一是缺乏市场意识。农地流转不仅仅与地租这一经济因素有关，而且与亲情、友情这些社会因素有关，更与农地潜在转入者在村子里的影响力有关，这导致承包土地更多流入“有能力集中土地的人”手中，而使“有种田能力且愿意种田的人”失去机会。二是产权和法治意识淡薄，农地流转合同缺乏约束力，农户和农地转入者有时私自毁约，导致纠纷不断。

因此，第一，要对农户所拥有的农地产权的各项权利界定清晰，有效杜绝任何强势群体对农户所拥有的财产权利的侵犯，并对此在广大农村开展有效解读和宣传。实质上，这牵涉到整个农村集体产权制度完善的问题。在中国，农村产权制度改革是一个

渐进式或相对被动的过程，相应制度的不完善和政策调整的滞后使得农村产权制度存在残缺和不完整的情况，这为不同权利主体产生寻租欺诈甚至侵权等行为创造了机会。第二，赋予和坚决维护农户自主的市场主体地位。农户自主的市场主体地位体现在农户在信息对称和完备条件下的农村产权自愿、公开、公正的流转交易方面。目前，乡村干部和地方“强人”基于其权威和农户间的信息不对称，采取强制手段胁迫农户参与农村产权交易，成为侵害农户市场主体地位的首要因素，往往引发群体性纠纷事件，因此，必须加强农村产权交易公开透明和完善民主监督制度。

二、以“鼓励承包土地向有种田能力的农民集中”为思路培育新型农业经营主体

土地流转政策应该是鼓励和支持承包土地向“有种田能力且愿意种田的职业农民”集中，而不是向“有土地集中能力的人”集中。从理论上看，土地流转是一种市场行为，农地产权的流转交易行为应该是流转双方真实意愿的自由表达。但如果培育新型经营主体的政策出现偏差，很可能使工商资本以家庭农场之名大规模进入农业领域。工商资本逐利的本性会带来“非粮化”“非农化”的风险，而且挟其大资本的优势，也会推动土地租金的上涨，使得真正的家庭规模经营面临成本增加的困境。

近年来，一些地区出现工商资本大量直接介入农村土地生产和经营环节。然而，应该清醒地认识到，工商资本大规模地“圈地”行为可能造成对农业有效劳动力的“挤出效应”，尤其是对新型职业农民的挤出，不利于家庭农场的发展，长期下去也可能对农业和农村发展产生抑制作用。2014 年 11 月，中共中央办公厅、国务院办公厅印发的《关于引导农村土地经营权有序流转发展农业适度规模经营的意见》明确指出，“现阶段，对土地经营

规模相当于当地户均承包地面积10至15倍、务农收入相当于当地二三产业务工收入的，应当给予重点扶持。”

这需要政府进行适当的机制设计，制定有效的激励和扶持政策。一是逐步建立农民职业资格制度。在农村范围内推荐和选拔一大批有志于脚踏实地从事农业生产经营的青壮年农民，为他们提供较为系统的教育和培训，把他们培养成既熟悉农业技术理论，又具有丰富生产实践经验和一定管理能力的新型职业农民。二是从政策、融资和就业等各方面鼓励职业农民成为“农业职业经理人”。对取得农民职业资格的职业农民进行精准和定向扶持，鼓励他们通过土地流转发展家庭农（林）场或种植大户，促进农业适度规模经营，或明确凡是从事农业生产经营的工商企业或专业合作社必须聘用一定数量的“农业职业经理人”从事日常生产经营和管理工作。三是各地建立起以职业农民为核心的，包括各级涉农管理部门，农业科研部门，专业技术人员，金融、农业中介等服务部门，涉农企业等的信息网络，通过手机和计算机网络等形成一个沟通顺畅、城乡一体、反馈及时的“三农”信息服务网，从而实现农地的活跃流转，推动现代农业科技和信息的扩散与推广。四是鼓励家庭农（林）场和大户自愿联合，真正形成具有较强市场竞争力的农业专业合作经济组织，真正引领农民合作社的发展，构建现代农业新型经营体系。

三、抓住关键，针对进行规模经营的新型经营主体提供完善服务

一般而言，普通农户缺乏超出其所在村庄周边去流转土地的需求，也不具有与土地规模经营相伴生的融资需求；同时，工商资本主导下的新型经营主体通常拥有雄厚的资金和大规模“圈地”的能力，应该对其进行适度的约束和限制。因此，对此二者

都不应当采取扶持政策。只有那些希望成为专业大户、家庭农场并具有一定经营管理经验的普通农户，才是现代农业发展的基础，也是将来农村经济社会发展的中坚力量。而且，他们有获得和扩大农地经营规模的需求和相伴生的融资需求，但往往由于缺乏资金和相应的农地集中能力，需要相关政策对他们进行一定的倾斜，加以鼓励和扶持。

零散土地的成方连片和有效融资是实现农地适度规模经营的主要难点和工作重点。一方面，细碎化、小规模和家庭化的资源配置是农村经济的现实状况，这意味着，如果单纯依靠农户通过对土地承包经营权的流转而实现农地资源集聚，将是一个十分漫长的过程；另一方面，通过农地流转而实现规模经营的新型农业经营主体往往在农业生产初期需要进行基础设施投入而产生较大的资金需求。如果没有相对完善的金融支持和配合，新型农业经营主体单纯依靠自身进行资本积累，农村土地流转和适度规模经营很难获得可持续发展。这就需要在农地流转和资金融通等方面为这些新型农业经营主体提供相应的服务和政策扶持。然而，到目前为止，中央和地方政府虽然出台了许多促进农地流转和金融部门对农业新型经营主体提供支持的鼓励政策，但在实施中，存在一些障碍，效果并不明显。

第二章 中国农地产权制度与流转政策的变迁

农地是农业生产最基本的生产要素。农地产权是指以农地所有权为基础，以农地使用权为核心的一切关于土地财产权利的总和，是由主要包括农地所有权、使用权、收益权和处置权等各种权利组成的权利束[8]。农地产权制度规定了其产权拥有人可以对其农地做什么和不能做什么的激励和约束。农地产权的结构和权能安排通过对人们采取何种行为的激励和约束，对土地的配置效率和农业生产发展产生重要的影响。

第一节　产权制度与资源配置效率

产权不是与生俱来的，而是与资源的稀缺性紧密相连的。在一个资源无限充裕，物质无比丰富，人人都可以各取所需的世界里，讨论产权问题是没有任何意义的。只有在存在资源稀缺和约束的条件下，为了避免相互之间因为资源归属和使用而导致在利益分配上发生冲突和不协调，人们才有动力界定和保护产权。不同的产权制度安排可以导致不同的资源配置效率和利益分配格局。

现代产权的经济分析通常将产权划分为绝对产权和相对产权两种类型[9]。

绝对产权通常是指有形物品的完全所有权。《罗马法》认为完全的所有权包括对物的使用权、从物上获得收益的权利，以及包括转让在内的对物的处置权利。可见，产权不同于法律意义上的所有权，而是指包括占有权、使用权、收益权、处置权，以及其他与财产有关权利在内的一个权利束，这些权利在一定程度上是可以分割和分离的，不同的权利可以分属不同的个体所有。

相对产权包括合约关系和法律上的强制义务，以及涉及个人和社会关系的其他权利和传统。合约义务往往由于交易存在非同步性——承诺和执行之间存在一定的时间间隔，交易双方的信息不对称引致的机会主义行为往往使资源产生低效率配置。法律上强制义务的核心内容是财产、合约和侵权。财产法关注的是所有权的非法占用或对此类权利的妨碍行为；合约法关注的是违背承诺的行为；侵权法关注的是无意或有意地伤害人身或侵犯财产的行为。

一般认为，在以市场机制为主导配置资源的社会中，一个有效的产权结构必须至少满足三个基本条件：①排他性。任何一项权利都由产权拥有者独立地支配和利用，收益的获得和成本的承担都能够有效禁止他人介入。②可转让性。权利不受约束的自由让渡能够有利于资源的资本化，保证和提高资源的配置效率。③强制性。产权是一个社会所强制实施的选择经济品使用的权利，它是由人们对物的使用所引起的相互认可的行为关系[10]，通常由社会法律制度强制规定，能够受到有效保护，任何人不得侵犯。

上述关于产权的论述主要针对私人产权安排。公共产权由于难以做到有效排他，资源配置难免陷于“公地悲剧”的困境。然而，在现实中，即使在一个强调私人产权制度安排的社会，有效产权结构的基本条件也并不容易达到，往往会受到来自政府或社会中强势群体等不同方面的干扰。若一项产权结构不能满足上述条件，则基于市场的资源配置效率将难以得到有效保障。

另外，产权的稳定性亦是影响资源配置和经济发展的重要因素。休谟将产权的稳定性、履约和承诺作为三大基本的自然法准则。登姆塞茨指出，产权的重要性就在于它能够帮助人们形成对他人进行交易时的合理预期[11]。这种合理预期在很大程度上取决于产权安排是否稳定可靠，不稳定的产权结构势必会影响到人们对产权交易的良好预期，从而影响资源配置效率。

第二节　中国农地产权制度与结构的演进

中国长期处于传统农业社会，两千多年的中国古代历史的朝代更替，实际上可以看作是农地产权制度安排的变迁史。“耕者有其田”始终是历次农民起义追求的目标。然而，受制于时代限制，直到中华人民共和国成立之前，私人土地所有制一直主宰着中国农村经济社会的发展。在封建历史时代乃至近代的大部分时间，农民享有配置自有资源的权利，土地的自由流动是被允许的。当然，皇权统治下的“巧取豪夺”导致的土地分配不公和土地兼并的社会经济困境也不免需要一次次的农民起义和朝代更迭加以打破。

中华人民共和国的成立彻底打破和废除了封建地主土地所有制。中华人民共和国成立以后，农村土地制度和政策安排发生了几次重大变迁，基本经历了土地改革、农业合作化、人民公社和家庭联产承包责任制四个时期。从农村土地产权制度安排看，中国农地产权制度的变迁大致可以划分为三个阶段。

一、农民土地所有制

中国共产党从1946年开始在解放区开展轰轰烈烈的土地改革运动，1950年进一步扩展到全国的新解放区，通过没收地主土地分给无地或少地的农民，把封建剥削的土地所有制改变为农民的土地所有制；1950～1952年，全国3亿农民共约分得了7亿亩土地；到1953年春天，全国范围内的土地改革基本完成。按照《中国人民政治协商会议共同纲领》和《中华人民共和国土地改革法》规定，保护农民的土地所有权，允许土地买卖，农民拥有买卖、雇佣、借贷、贸易等自由。通过土地改革运动，逐步形成了农民对土地的清晰界定的排他性产权，实现了农村土地所有权、使用权、收益权和处置权为一体的完全的私有产权结构，极大地解放了当时的农村生产力。

二、集体土地所有制

农民土地私人所有制的产权制度的安排是短暂的。1953年开始的农业合作化运动及后来的人民公社运动使得农民土地所有制被快速改造为农村土地集体所有制。总体来讲，农业合作化运动的发展可以划分为互助组、初级农业合作社、高级农业合作社和人民公社四个阶段。

①互助组是为解决当时劳动力和农业生产资料匮乏、农业生产力水平低下的矛盾，发动和鼓励农民按照自愿原则在农业生产的不同方面或环节实行互助合作，并没有触及农民对土地的私有产权制度。

②初级农业合作社是在保留了农民私有的农地产权制度基础之上，土地由合作社统一集体经营，实际上，这是将土地的使用权从产权束中分离出来，土地由农民所有，而其使用权和经营权

则归合作社所有。但同时，初级合作社能够通过入社土地股份分红和农户拥有自由入社退社的制度安排保障了农民对自有土地的收益权和处置权。

③高级农业合作社是将社员私有土地及农具、牲畜等基本生产资料全部上交给合作社集体所有，由合作社统一安排生产和经营，取消土地股份分红，社员不再拥有自由退社的权利。土地的占有权、使用权、收益权和处置权等均归合作社集体所有，合作社干部负责对产出品进行管理和支配。

④人民公社化运动将合作社进一步合并为规模更大的人民公社，加强了农地产权的公有化程度和规模，农村中包括农地等一切生产资料都归公社所有和使用。自此，土地农民私有的产权制度安排在我国大部分地区完全彻底地消失。1962 年，大一统的人民公社体制在一定程度上被修正，农地产权制度开始向“三级所有，队为基础”过渡，农地由人民公社所有制转变为生产队所有制，由生产大队统一使用和经营，并由生产小队统一组织生产，社员集体参加劳动。虽然农地集体所有的外延大为缩小，但农村集体土地所有制的产权制度已然形成，不容改变。

三、集体农地家庭承包制

人民公社制度下的农村集体土地所有制持续了 20 年，其结果是全国人均粮食产量只相当于 1957 年的水平，农民人均年收入只有 70 多元，农业农村发展基本处于相对停滞的贫困的稳定状态。为解决温饱问题，1978 年，安徽凤阳县小岗村的 18 户农民搞起了“包产到户”，自此，中国农地产权制度改革悄然开始。在中央有关领导支持下，建立在集体土地所有制基础上的土地家庭联产承包责任制逐渐在全国各地展开，至 1984 年底，全国农村实施家庭联产承包责任制的农户数量占到农户总数的

95%以上。

家庭联产承包责任制在坚持农村土地集体所有的前提下，使农民获得了较为充分的土地使用权，同时，也拥有了部分的收益剩余索取权。“保证国家的，留足集体的，剩下的都是自己的”是最初这一农地产权制度安排的生动写照。家庭联产承包责任制的实行通过赋予农民一定的土地财产权和自由支配权，极大地激发了农民生产的积极性。据测算，1979 ～ 1984 年，家庭联产承包责任制对农作物产值增长的贡献率达到 46.89%[12]。

家庭联产承包责任制的核心特征是农村土地集体所有，家庭承包经营，农户家庭成为农业基本的生产经营单元。改革开放 40 年来，这一农地产权制度改革的基本特征始终没有改变，而且一直是向着完善和强化家庭承包经营权的方向推进。中国农地产权制度改革之路是艰难的，改革过程中充斥着各种争议，因而，整个改革进程采取了一种渐进的、不断调整的方式。然而，不得不说，在一定程度上，正是这种政策微调式的渐进改革不断影响和改变着不同经济主体对农地产权制度安排的预期，增加了农地资源配置的不确定性。

第三节　对中华人民共和国成立以来中国农地产权制度模式的评述

新制度经济学家认为，有效率的产权制度会促进经济增长，无效率或低效率的产权制度将阻碍经济增长或使经济处于低速增长状态。Alston 等通过对巴西边疆地区土地所有权的需求和供给的经验研究表明，政府通过提供清晰的、有保障的土地所有权有助于提高经济绩效和增加财富[13]。林毅夫把制度变迁划分为诱致性变迁和强制性变迁两种方式。他认为，诱致性变迁是指一群（个）人在响应由制度不均衡引致的获利机会时所进行的自发性变迁，而强制性变迁指的是由政府法令引起的变迁[12]。实质上，从实践来看，许多制度变迁都或多或少地存在强制的身影。道格拉斯·诺斯指出，面对界定、保护和变革产权时的交易费用，国家因具有暴力的比较优势，可以依靠强权来降低私人界定和变革产权的成本。因此，并不能确定强制性制度变迁一定会导致无效率或效率低下，制度变迁效率的考量应该是集体内部的（理性）个体是否能够对制度的重新安排达成一致意见或具有较强的认同感。

纵观中华人民共和国成立以来农地产权制度的变迁，农民土地所有制是完整的私人产权制度安排，在当时历史条件下，极大地顺应了人们长期以来孜孜追求的“平均地权”“耕者有其田”的目标，随后鉴于当时农业生产力水平低下，由政府倡导的互助组和初级合作社的制度补充安排由于其强调私人产权基础之上的自愿联合的原则，有力地促进了农地产权配置效率。而后来实行的家庭联产承包责任制则是一种非完整的“准私人产权”的制度安排，它通过把完整农地产权束的一部分权利分离出来，将使用权及部分处置和收益权赋予农民个体拥有，这种产权制度安排在一定程度上考虑并体现了集体内部的个人理性，无疑会增进农地配置效率。

实践证明，农地集体所有、集体经营的产权制度安排是严重缺乏效率的。对此的研究和解释有很多，其中的主要观点是，农地集体所有制失败的根本原因在于农业生产天生具有时空分散和某些环节只能依靠大量投入人工劳动的特点，集体生产难以在内部形成明确的分工和专业化，同时存在监督困难的问题。即使监督者是无私的，有着良好的愿望，他们也很可能面临各种不可预见的约束与特殊情况，使得他们很难完全采取有效的方式行事[9]。何况，监督者的目标与效率目标也常常存在不一致。因此，导致该产权制度安排难以达到和符合“付出和收获成正比”的经济原则。效率较低的原因具体可以归结为经营决策、生产组织和产品分配等方面的不均衡。

首先，在经营决策上，农户作为理性的经济主体被剥夺了经营自主权，在集体经营决策中没有任何话语权，经营成本和风险却被分摊给农民个人承担，权责失衡，个人理性无法在集体行动逻辑中得到体现。

其次，在生产组织上，集体所有和集体经营所提供的产品实际上是集体内部共有的一种“公共物品”，每个人都想让别人出力，而自己不出力或少出力，人人都想“搭便车”，使个人理性导致集体非理性的现象发生，而由于农业生产的分散性，监督成本高昂，“出工不出力”成为常态。

最后，在产品分配上，集体所有和集体经营所提供的产品在集体内部又被视为一种“公共资源”，每个人都想从中攫取最大个人利益，而在集体内部强调的“平均主义”分配方式（这可能是由于成员生产努力程度难以精确计量，或者是由于当时物质严重短缺情况下为了生存而不得不采取的分配方式），表面上的公平分配使得多劳者不多得，不劳者不少得，而导致成员的生产努力程度发生“劣币驱逐良币”的现象。然而，当时劳动力不得随意流动的严格制度又将劳动力锁闭在集体内部，因此，消极怠工可能成为广大农民表达个体诉求和不满的方式之一。

实质上，我们也可以从上述农地集体所有制产权制度安排失败的原因中分析出农地的农民私人所有制和家庭联产承包责任制为何能够取得相对较高的效率。因此，不管采取何种产权制度安排，产权所形成的激励和约束必须能够体现并影响到每一个理性个体，同时，个人理性和诉求必须能够得以充分表达和体现，而且能够清晰地在经营决策、生产组织和产品分配等方面得以有效实现。

第四节　中国的农地流转政策

城镇化和工业化的发展和农业生产力的提升要求农地转向适度规模化经营。一般来讲，农地起码具有三重不可忽视的功能：农地既是农业生产中不可或缺的一种最基本的生产要素，又是当前中国农民拥有的最重要资产，同时也对许多农户家庭起到重要的基本保障作用。作为生产要素，农地的利用要实现资源配置效率，要从配置效率低的使用者手中流向配置效率高的使用者手中；作为农户拥有的重要资产，农户希望从中获取更高的收入流；作为基本保障，农户希望农地能够为其未来的生活提供一定的保障。

中国长期处于传统农业时代，生产力水平低下，农民生活水平长期处于贫困化的状态，直至20世纪中叶依然没有发生根本性变化。农地为农民提供最重要的基本生存保障。在土地私有的封建土地所有制时代，虽然允许土地自由买卖，但历代政权为防止出现土地过度集中和兼并的现象，也会努力制定相关政策适度抑制农地的流转交易行为，以免发生大多数农民失去土地而无法生存的现象。

一、改革开放前的农地流转

不同的产权制度形式与农地流转交易的实现程度密切相关，

土地所有权制度从根本上决定着土地流转的规模、方向和形式等。中华人民共和国成立初期，农民土地所有制承认土地所有者自由经营、买卖及出租其土地的权利，但农地私有产权安排存续时间较短，农户刚刚分得土地，在当时的农业生产力条件下，农民对土地的依赖性很强，不可能发生大规模的农地交易。实际上，在生产力极其低下的传统农业时代，农地交易往往是农民面临困难的情况下不得不采取的无奈和被迫选择，与资源配置效率无关。正如姚洋所指出的，“世界范围内的经验研究表明，一个农户出卖土地，不是在这个农户的上升期发生的，而往往发生于这个农户遇到无法克服的困难的时候。因此，通过买卖进行的土地集中几乎总是以部分农户的跌入贫困的泥潭为代价”[14]。

而后来施行的人民公社化下的农村土地集体所有制的农地产权制度安排实质上是一种公共产权，在集体内部不可能存在所谓的交易问题，而且，在当时的经济体制下，不存在价格机制，集体之间的农地流转交易也不可能。

二、农村土地家庭联产承包责任制后的农地流转政策的演化

改革开放后，中国广大农村普遍实施了农村土地家庭联产承包责任制，农地流转也逐渐在产权明晰的基础上经历了由最初的“禁止流转”到“允许流转”和“支持流转”，再到“鼓励流转”和“规范流转”的政策变迁过程。

《中华人民共和国宪法》（简称《宪法》）作为国家的根本大法，是一切法律和政策制定的基础。关于土地流转问题，1982年《宪法》明确规定，“任何组织或者个人不得侵占、买卖、出租或者以其他形式非法转让土地。”这实际上禁止了一切土地私人转让的行为，不利于土地资源的合理有效配置。1988年《宪

法》修正案明确规定，“土地的使用权可以依照法律的规定转让。”这标志着中国从根本上承认了土地使用权有偿转让的合法性，农户土地承包经营权流转开始具有法律上的依据。

1984年中央一号文件《中共中央关于一九八四年农村工作的通知》中确定，农地可以经集体同意，允许集体组织内部的社员之间进行转包，但明确要求“自留地、承包地均不准买卖，不准出租，不准转作宅基地和其他非农业用地”。专家们对这一规定的认识存在差异，有一种说法认为，转包是允许农地在集体组织内部的有限度流转。结合当时对转包约束条件的认知，无疑是正确的。在当时，这种转包形式实际上是农户由于各种原因，如忙于从事其他产业或失去劳动能力等而自愿放弃农地的承包经营权，由集体组织主导（或至少参与）协调而进行农地承包经营权的重新分配，并给放弃土地承包经营权的农户一定经济补偿的行为。然而，若进行更深层次的探究，根据字面意义，“转包”是“转让承包经营权”的简称，但实质上农户却缺乏转让的自主权和对价格的协商权，难以认定这属于一种市场流转行为。

1993年，《中共中央、国务院关于当前农业和农村经济发展的若干政策措施》提出，“在坚持土地集体所有和不改变土地用途的前提下，经发包方同意，允许土地的使用权依法有偿转让”，明确了允许土地使用权依法有偿转让的政策，但也可以发现，农户土地使用权的转让行为在很大程度上受到集体经济组织的约束。1998年，《中共中央关于农业和农村工作若干重大问题的决定》提出“确立农户自主经营的市场主体地位”，进一步重申“赋予农民长期而有保障的土地使用权”，强调土地使用权的自愿有偿流转，指出“土地使用权的合理流转，要坚持自愿、有偿的原则依法进行，不得以任何理由强制农户转让。”这实际上承认了农户对土地承包经营权的彻底拥有及其交易权，农户可以不在集体经济组织干预下开展农地承包经营权的转让，从政策上开启了真正具有市场意义的农地承包经营权的交易行为。

2002 年，《中华人民共和国农村土地承包法》首次以法律的形式明确规定，“承包地不得买卖”“国家保护承包方依法、自愿、有偿地进行土地承包经营权流转”。该文件详细规定了土地承包经营权的流转原则、主体、流转价格的确定方式及流转收益的归属权等，并提出了多种农地承包经营权的流转方式，明确了土地承包经营权流转的主体是承包方。“通过家庭承包取得的土地承包经营权可以依法采取转包、出租、互换、转让或者其他方式流转。”同时，明确了“平等协商、自愿、有偿，任何组织和个人不得强迫或者阻碍承包方进行土地承包经营权流转”的农地承包经营权的流转原则，进一步以法律名义对农地承包经营权的交易行为给予了确认和支持。

党的十七大首次明确提出要建立农村土地承包经营权流转市场。2008 年，党的十七届三中全会通过的《中共中央关于推进农村改革发展若干重大问题的决定》中，进一步明确“建立健全土地承包经营权流转市场，按照依法自愿有偿原则，允许农民以转包、出租、互换、转让、股份合作等形式流转土地承包经营权，发展多种形式的适度规模经营。”该决定希望在加强对农户土地承包经营权流转鼓励的基础上，进一步通过建立有形市场促进和规范其交易行为。

2013 年，党的十八届三中全会通过的《中共中央关于全面深化改革若干重大问题的决定》明确指出，“赋予农民对承包地占有、使用、收益、流转及承包经营权抵押、担保权能，允许农民以承包经营权入股发展农业产业化经营。鼓励承包经营权在公开市场上向专业大户、家庭农场、农民合作社、农业企业流转，发展多种形式规模经营”。该决定赋予了农地抵押、担保的权能，从全面深化改革的战略高度肯定了农户土地承包经营权的财产权利和交易权利，为今后农地流转交易和市场化做了政策上的铺垫。

2014 年中央一号文件《关于全面深化农村改革加快推进农业现代化的若干意见》指出，“在落实农村土地集体所有权的基础上，稳定农户承包权、放活土地经营权，允许承包土地的经营权向金融机构抵押融资”。该文件初步提出了农村土地集体所有权、承包权和经营权“三权”分置的雏形，将原来农地承包经营权流转界定为农户承包土地经营权流转。

2014 年 11 月，中共中央办公厅、国务院办公厅印发的《关于引导农村土地经营权有序流转发展农业适度规模经营的意见》明确指出，“土地承包经营权属于农民家庭，土地是否流转、价格如何确定、形式如何选择，应由承包农户自主决定，流转收益应归承包农户所有”，同时指出，“没有农户的书面委托，农村基层组织无权以任何方式决定流转农户的承包地”。该意见进一步明确了农户承包土地经营权是农地流转交易标的物，并将土地流转的决策权完全赋予承包农户，有效限制了集体经济组织对农户承包土地流转的干预。

2016 年 10 月，中共中央办公厅、国务院办公厅印发的《关于完善农村土地所有权承包权经营权分置办法的意见》就完善农村土地所有权、承包权、经营权分置办法提出详细意见。该意见指出，“农民集体是土地集体所有权的权利主体”“土地集体所有权人对集体土地依法享有占有、使用、收益和处分的权利”“土地承包权人对承包土地依法享有占有、使用和收益的权利，集体土地承包权属于农民家庭”“承包户有权占有、使用承包地，依法依规建设必要的农业生产、附属、配套设施，自主组织生产经营和处置产品并获得收益；有权通过转让、互换、出租（转包）、入股或其他方式流转承包地并获得收益，任何组织和个人不得强迫或限制其流转土地；有权依法依规就承包土地经营权设定抵押、自愿有偿退出承包地，具备条件的可以因保护承包地获得相关补贴”“土地经营权人对流转土地依法享有在一定期限内占有、耕作并取得相应收益的权利，平等保护经营主体依流转合同取得的土地经营权，保障其有稳定的经营预期”。该意见明确将农民土地承包经营权进一步划分为承包权和经营权，实行土地承包权和经营权分置并行，并对农户承包土地涉及的各权利主体所拥有的权利进行了清晰界定，顺应了农民希望在土地流转中保留土地承包权，流转土地经营权的意愿，同时有利于稳定土地经营权人的经营预期，对促进农户承包土地的加快流转具有重要意义。

2016年6月，农业部发布印发《农村土地经营权流转交易市场运行规范（试行）》的通知，就农村土地经营权流转交易条件、交易品种、服务提供和相关交易运行规则制定了相关规范。

2017年中央一号文件《中共中央 国务院关于深入推进农业供给侧结构性改革 加快培育农业农村发展新动能的若干意见》进一步明确指出，“通过经营权流转、股份合作、代耕代种、土地托管等多种方式，加快发展土地流转型、服务带动型等多种形式规模经营”“加快推进农村承包地确权登记颁证，扩大整省试点范围”。农村承包土地的确权登记颁证工作有利于防止对农户土地承包权和经营权的不当侵犯，减少土地流转过程中因确权不清而引起的纠纷，鼓励农户承包土地经营权流转的各种方式的创新，能够进一步促进土地流转和规模经营，优化土地资源配置。

三、联产承包责任制下的农地政策与农地流转

产权经济学认为，市场经济的核心是产权，产权变现的关键

是能够实现资源的自由流动。正如张五常所指出的，在私有产权条件下，给定了土地可自由转让（可市场化）的权利后，一个土地所有者可以不必亲自了解农作的细节，对资源的所有权的竞争会诱致有效的合约[15]。一项无法或不能正常交易的产权可能使资源配置经常处于低效率状态，也难以使产权拥有者获取利益最大化。因此，有效的农地产权制度和政策安排必须能够保证农地产权的自由流转交易。明确并允许农地产权的自由转让，同时与这一转让相应的收益能够得到有效保护，农地产权主体才有可能最大限度地在产权约束的范围内配置资源并获取最大利益。

促进和实现农户承包土地经营权的流转是城乡一体化发展条件下增加农民财产性收入和提高农业经营效率，建立农民长效增收机制的关键创新点。如果农地不能实现在不同的产权主体之间相互流转交易，那么它就不能为农民带来实实在在的、稳定的、可预期的收入流。农地作为农户最重要资产的经济价值就得不到有效实现，而可能成为农户在家庭劳动力转移情况下的“沉重包袱”。促进农户承包土地经营权的顺畅流转需要在明晰完善的产权制度下由政府建立并落实良好有效的流转政策。

通过对家庭联产承包责任制后政府所采取的一系列与农地产权制度安排的相关政策进行梳理，可以发现，政府政策的趋向基本沿着两条线展开。一方面，是在确保坚持农村土地集体所有制的框架范围内，努力界定农村土地的农户承包经营权和集体所有权，以及农户承包权和经营权之间的关系和权能所属，试图将更多土地权能稳定地赋予农户，同时有效稳定农地经营者的经营预期，促进农户收入增加，保证农业经营主体进行农业生产的积极性；另一方面，针对家庭联产承包责任制导致的农业生产规模过小和过于分散的问题，随着农业劳动力向城市和其他产业的转移，逐步调整政策，从允许农地流转到鼓励农地可以采取多种形式的流转，以实现适度规模经营。

当前最新的政策趋势是，将农村土地集体所有权、农户承包权、土地经营权“三权”分置，落实集体所有权、稳定农户承包权、放活土地经营权，加强土地经营权流转管理和服务，推动土地经营权的流转交易公开、公正、规范运行。总体来讲，政策调整的总体导向是明确的，希望通过明晰和稳定农地承包经营权，采取鼓励流转交易的措施，既能保证农民获得稳定收入，又能实现土地适度规模经营，提高农地配置效率。农地产权安全性会形成生产性效应、交易价格效应和交易成本效应，进而影响农户农地流转行为[16]。毋庸置疑，清晰、稳定并能受到严格保护的农地产权制度是确保农户承包土地经营权高效顺畅流转的根本条件，但并不是唯一条件。研究显示，农地确权对农户承包土地经营权流转的影响存在不确定性。

一些学者认为，农地确权登记能够促进农地流转。Deininger等对埃塞俄比亚840户农户所拥有地块的实证研究表明，土地登记对土地转出行为与规模具有显著的正向作用[17]；Zhou和Chand对四川省的研究发现，土地确权颁证对农户农地流转，特别是土地出租具有显著的正向影响[18]；程令国等的研究指出，农地确权降低了交易成本，促进了土地流转，同时，也增强了农地的产权强度，提高了土地资源的内在价值[19]。

而另一些学者则得出相反的结论。Jacoby和Minten对马达加斯加的研究发现，与没有进行登记的土地相比，已进行登记的土地的转出概率更小[20]；叶剑平等指出，土地产权越清晰，土地交易价格越高[21]；罗必良和胡新艳对广东省佛山市和东莞市638户样本农户的调查发现，土地确权颁证后，86.2%的转出户将提高租金，62.8%的农户认为转入土地的难度会增加[22]。

另外，还有一些学者认为农地确权对农地流转的影响并不显著。Jin 和 Deininger 基于中国农户调查资料的研究发现，没有证据表明土地承包经营权证书会影响农户参与农地经营权的流转[23]；张兰等对江苏省的研究显示，土地承包经营权证书颁发率对农地流转比例不具有统计上的显著影响[24]。

林文声等基于农户农地转出的视角，从生产激励、交易费用、交易价格及农村要素市场联动等四个方面的分析发现，农地确权对农地经营权流转的影响具有不确定性，其作用取决于传导因素所形成的综合影响[25]。

因此，目前开展的对农户承包土地的确权登记颁证工作对土地流转的影响可能同时存在促进和抑制作用，不能相信什么“一确就灵”的神话。确权颁证是保障农户承包土地经营权顺畅流转的产权基础，除此以外，农户承包土地经营权高效流转至少还需要具备并满足以下四个条件：一是农地具有投资价值和盈利机会，农业经营主体对未来农地经营收益存在较为稳定的预期；二是农地转出农户具备充分的离开土地的心理准备和能力，以及对转出农地的预期收益具有理性认知；三是农地产权交易主体能够有效地行使权利和具有良好的履约能力；四是具有富有效率的金融服务和信息交流、贷款和抵押等其他中介服务。上述条件不仅取决于农户承包土地转出者和转入者在行为选择上的理性，还取决于社会经济环境条件和政府政策安排。

实质上，不仅与农地产权制度安排相关的政策会影响农户承包土地产权的流转交易水平和效率，而且现实中的其他与“三农”相关的政策调整，如农业税费政策、农业补贴政策，以及城乡户籍制度政策的调整等对它也会产生非常重要的影响。举例说明，20 世纪 90 年代到 21 世纪最初的几年，可以说是家庭联产承包责任制实施以来我国“三农”负担最严重的时期，沉重的税费负担迫使许多农户不得不“撂荒”或放弃农地的承包经营权，增加了农地的“隐性”供给；而2006年的全面免除农业税和后来实施的各种农业补贴，以及近年来实施的对农村承包土地的确权登记颁证政策，使得农户对农地的收益预期增强，对农地承包经营权产生了“惜售”心理，相对降低了农地供给水平。

因此，政府相关政策的调整和安排对农地承包经营权的流转交易具有不可忽视的影响，现实中不同政策的调整对农地流转所产生的影响程度和方向是不同的。但需要指出的是，农地集体所有制下的农户家庭承包经营权存在不完整和易受侵犯的特性，“三农”相关政策的调整及某些政策目标的相互冲突有时可能使相关经济主体对农地产权的稳定预期产生不确定性，从而在一定程度上阻碍了农地产权流转交易市场的形成和发展。另外，关注和重视在土地流转过程中，土地对农户社会保障功能的影响也是非常重要的。例如，温铁军指出，中国农村土地承载着农业生产与农民社会保障的双重功能，随着人口的增加，这种双重功能正在演变为“保障重于生产”[26]。姚洋也认为，土地仍然是我国大多数农民赖以生存的主要生产资料，在社会保障体系不完善或根本不存在的情况下，土地的社会保障功能不可忽视[14]。因此，从长远来看，在加强农户承包土地确权登记颁证，稳定农户土地承包权的基础上，进一步完善农村社会保障制度，切实推进城乡基本公共服务均等化，才能从根本上消除农民将土地承包经营权流转后的后顾之忧。

第三章 农户承包土地经营权流转的运行机制研究

中国以家庭联产承包责任制为核心的农村土地产权制度改革最初将农村集体所有的土地产权结构分离为土地集体所有权和农户承包经营权，近年来，又进一步将农户的土地承包经营权分离为农地承包权与农地经营权，并明确强调要坚持土地集体所有权根本地位，严格保护农户承包权，加快放活土地经营权。从单一的农地集体所有权到“两权”分离，再到目前的“三权”分置的制度创新，都是希望将农村土地的部分产权明确界定给农业经营主体，从而能够在农村土地集体所有制的基本框架下，使农户和其他农业经营主体成为农地资源配置的真正市场主体。土地作为一种经济资源，在市场经济条件下，为实现有效配置，也就产生了流转交易的可能性。

第一节　农地承包经营权的流转及其方式

中国农地承包经营权的流转交易是与城镇化和工业化的发展，以及农业劳动力生产效率水平的提升密不可分。在农村土地家庭联产承包责任制实施初期，政府相关政策并不支持农地承包经营权的流转，同时，农户对农地承包经营权的产权属性缺乏认知，因此，相当长的一段时期内，农户农地承包经营权的流转基本处于停滞状态，即使有些农户由于各种原因自己没有精力进行耕作，也只是通过弃耕或请亲戚朋友代耕代种的方式消极地维持其承包农地的生产经营。近年来，农地流转状况有所改善，并呈现出较快速度发展的态势，但仍然缺乏有效规范。

一、改革开放以来的农地流转状况

从农村土地家庭联产承包责任制改革直至20世纪90年代中期以前，由于农业生产力相对低下、城镇化和工业化处于较低水平，同时，政府政策和相关法律法规等制度安排也没有明确支持农地承包经营权流转，因此，农地流转的发生率一直是偏低的。据中国社会科学院金融研究所、特华博士后科研工作站和社会科学文献出版社联合发布的《土地市场蓝皮书：中国农村土地市场发展报告（2015～2016）》显示，在20世纪90年代初，全国仅有不到1%的农户流转土地，流转的耕地面积仅占全部耕地的0.40%；截至1996年，全国只有2.6%的农地发生流转。

进入21世纪，市场化改革进程的深入，以及支持和鼓励农地流转相关政策和法律的出台，为农村土地承包经营权的流转交易提供了更大的运作空间，中国农地流转速度明显加快。兰晓红认为，能够带来更高收入的规模经营、政府推动和部分劳动力转向非农产业等三个因素对促进农地流转起了主要作用[27]；李中强调了非农就业机会增加和政府法律政策的推动对农地流转动力所起的重要作用[28]。

农村土地承包经营权的大规模快速流转的时间节点出现在2010年左右。据统计，2004年全国农地流转比例达到10.5%；2011年提高到17.8%；2012年流转比例达到21.2%，比上一年提高3.4个百分点；2013年流转比例提高到25.7%；2014年流转比例达到30.4%，比上一年提高4.7个百分点，全国家庭承包耕地流转面积增加到4.03亿亩[29]。

据农业部统计，截至2016年底，全国承包耕地流转面积达到4.7亿亩，全国耕地流转面积占家庭承包耕地总面积的比重达到35.1%，农村土地经营权流转明显加速。在东部一些沿海地区，流转比例已经超过1/2。参与流转土地的农户超过了7 000万，比例超过全部农户的30%。东部沿海发达省份一些农民转移多的地区这一占比更高，超过50%。可以看出，农地流转规模和比例与区域社会经济发展水平存在相当高的关联度。因此，农地流转必须以当地城乡社会经济发展水平和农业劳动力转移程度为基础，尊重农户流转意愿，循序渐进，决不能违背社会经济发展水平和农民意愿强迫流转。

二、农地承包经营权的主要流转方式

（一）流转方式的政策规定

关于农地承包经营权流转的政策和制度规定主要体现在2002年颁布的《中华人民共和国农村土地承包法》中。该法对农村土地承包经营权的流转方式、流转原则及合同条款等做出了较为详细的规定。

第四条　国家依法保护农村土地承包关系的长期稳定。农村土地承包后，土地的所有权性质不变。承包地不得买卖。

第三十二条　通过家庭承包取得的土地承包经营权可以依法采取转包、出租、互换、转让或其他方式流转。

第三十七条　土地承包经营权采取转包、出租、互换、转让或者其他方式流转，当事人双方应当签订书面合同。采取转让方式流转的，应当经发包方同意；采取转包、出租、互换或其他方式流转的，应当报发包方备案。

第四十二条　承包方之间为发展农业经济，可以自愿联合将土地承包经营权入股，从事农业合作生产。

从上述农村土地承包法的相关规定可以看出，“承包地不得买卖”应该指的是农村承包土地的所有权不准交易和买卖，而可以流转或交易的只能是土地的承包经营权，其流转方式可以采取转包、出租、互换、转让或入股等方式进行。但这些流转方式的内涵在《中华人民共和国农村土地承包法》中并未给予清晰界定。后来，全国人大常委会专门在关于《中华人民共和国农村土地承包法》的释义中对承包经营权流转的各种方式给予了详细地解读。

转包主要发生在农村集体经济组织内部农户之间。转包人是享有土地承包经营权的农户，受转包人是承受土地承包经营权转包的农户。转包人对土地承包经营权的产权不变。受转包人享有土地承包经营权使用的权利，获取承包土地的收益，并向转包人支付转包费。转包无需经发包人许可，但转包合同需向发包人备案。

出租主要是农户将土地承包经营权租赁给本集体经济组织以外的人。出租人是享有土地承包经营权的农户，承租人是承租土地承包经营权的外村人。出租是一种外部的民事合同。承租人通过租赁合同取得土地承包经营权的承租权，并向出租的农户支付租金。农民出租土地承包经营权无需经发包人许可，但出租合同需向发包人备案。

互换是农村集体经济组织内部的农户之间为方便耕种和各自需要，对各自的土地承包经营权的交换。互换是一种互易合同，互易后，互换的双方均取得对方的土地承包经营权，丧失自己的原土地承包经营权。双方农户达成互换合同后，还应与发包人变更原土地承包合同。

转让是农户将土地承包经营权转移给他人。转让将使农户丧失对承包土地的使用权，因此对转让必须严格条件。在承包方有稳定的非农职业或有稳定的收入来源的，即可转让土地承包经营权。转让土地承包经营权的基础是农民有了切实的生活保障，否则不应转让土地承包经营权。转让的对象应当限于从事农业生产经营的农户。具备转让条件的农户将土地承包经营权转让给其他农户，应当经发包方同意，并与发包方变更原土地承包合同。

根据对农村土地承包经营权各种流转方式的释义和解读，互换和入股的内涵是清晰且容易理解的，在这里不多赘述。关键的问题是转包和出租，以及转包和转让之间存在比较难以清晰区别的辨析关系。根据释义，转包和出租的主要区别在于农地承包经营权的受让者身份上的不同，转包方式的受让者必须是本集体经济组织的内部成员，而出租的受让者则是本集体经济组织外部的成员，而按照当时的解释，流转的客体均是“土地承包经营权的使用权”。可见，当前在对农村承包土地产权进行“三权”分置后，转包和出租的客体实际上指的是“土地的经营权”。而在一些文献，甚至农业主管部门发布的消息中，还出现了与转包并列提出的“转租”概念，导致相关流转方式概念界定的不清晰、不明确，产生了不必要的歧义，尤其是对文化程度较低的农民而言，根本搞不清楚这些繁杂概念的具体含义。

另外，从字面意义上看，转包应该指的是“土地承包经营权的转让或转移”，是农户将拥有的土地承包经营权转让或转移给集体经济组织内部享有土地承包权利的其他农户。这显然又与转让的法律释义存在交叉相似之处。

实际调查发现，许多农户和基层干部对转包和出租，以及转包和转让方式的具体界定基本上是分辨不清的，这给农地承包经营权的流转工作造成了诸多困扰。例如，许多农户认为，不管转包还是出租，都是农地转入者向其转出者支付了租金，转入者的身份（当然，法律法规禁止的除外，如对工商资本转入土地的限制）并不重要，而且出租方式能够有效扩展农地流转的对象和范围。因此，应该将农村土地承包经营权的流转方式重新在法律层面加以厘清和界定。

2016年，中共中央办公厅、国务院办公厅发布的《关于完善农村土地所有权承包权经营权分置办法的意见》明确提出，农村土地产权制度实行所有权、承包权、经营权“三权”分置并行，并强调落实集体所有权，稳定农户承包权，放活土地经营权。在农村承包土地产权“三权”分置的新形势下，农村土地流转方式的发展趋势可能更多地采取农户承包土地经营权的转移，而不是承包经营权的转让。该意见明确指出，“承包农户转让土地承包权的，应在本集体经济组织内进行，并经农民集体同意”。这样，农户转让土地承包经营权的流转方式可能会处于非常次要的地位，但同时考虑到在某些农户自愿的情况下，有偿退出土地承包经营。

因此，农户承包土地产权的流转方式除互换和入股方式外，可以只保留“转让”和“出租”（或称租赁）两种方式。将“转让”界定为“农村土地承包经营权的转移”，将“出租”界定为“农村土地经营权的转移”，不再进行集体组织内外部的界定和划分，并且相应出台四种标准流转合同形式，即“农村承包土地互换合同”“农村承包土地入股合同”“农村承包土地转让合同”和“农村承包土地租赁合同”，以对农户承包土地的各类产权流转进行法律规范。

（二）现实中采取的主要流转方式

在实践中，全国各地的农地流转存在许多不同的方式，具体有转包、转让、互换、入股、出租、托管，以及合作经营、合伙经营等。《土地市场蓝皮书：中国农村土地市场发展报告（2015～2016）》调查结果显示，当前农地流转具有以转包和出租为主，以转让、互换和股份合作为辅的流转特征。其中，转包是最主要的流转形式。据农业部调查显示，2012年，60%～70%的流转采取的是农户之间口头或书面协议的转包、转租、互换等形式，合作社入股方式仅占6%～7%。2013年，发生流转的农地中有46.32%采用了转包形式，35.79%的流转采用了出租形式，二者总体占农地流转比例的82.11%，5%是通过互换形式进行的。赵丙奇等调查结论得出，不同地区农地流转的主要方式有所差异，发达地区的农地流转方式主要以转让、出租、转包为主，而欠发达地区的流转方式主要以转包为主[30]。

可见，农村土地的流转即使在农地承包经营权在政策上没有分置的情况下，农户也更倾向于流转农地的使用权，即主要是以土地经营权的流转为主，而非以农地承包经营权的转让为主。这固然与农地转出后农户考虑到未来的不确定性而不愿意放弃农地的承包权有关，但另一个可能的原因是农地需求者考虑到农地承包经营权的实际剩余承包年限及承包经营权的一次性转让所不得不承受的资金压力，而选择流转土地的经营权。单纯的经营权转让对农地转出者和转入者而言均具有更大的灵活性，但也正是这种灵活性可能导致现实中农地产权流转的不稳定性和农地经营预期的不确定性。另外，不可否认的是，实践中确实存在一定比例的农地承包经营权转让的供给和需求，虽然总体所占比例较少，但是在政策安排和制度设计上应该充分考虑这一现实要求。事实上，农地承包经营权的转让更能够增强农地产权的稳定性，有利于农业经营主体对农地经营的长期规划和投入，并减少农地流转引发的冲突和纠纷。

囿于农地经营权的流转，如转包和出租方式的流转，土地转包费或租金通常是一年结算一次，转入农地的农业经营主体和农地转出农户都可能存在下一年毁约或对当初达成的土地流转价格产生异议并发生冲突和争议的问题，这往往导致农地产权的稳定性较差，农地流转引发的纠纷不断。例如，一些地方出现农地较大规模流转经营主体由于经营不善或农产品价格下滑而无法支付租金，导致的“跑路”现象，也有农地转出农户看到转出土地的经营收益高而要求提高农地流转价格，或者直接毁约强行收回农地经营权的现象。《土地市场蓝皮书：中国农村土地市场发展报告（2015～2016）》的调查显示，由土地流转引发的纠纷占所有纠纷的比重呈上升趋势，由2013年的32.24%快速上升到2014年的40.06%，从而严重损害了农地资源的配置效率。因此，增强农地流转后经营权的稳定性和建立起农地经营收益的良好预期是今后农地承包经营权流转政策安排和制度建设所需要解决的重大问题。

第二节　主要的流转交易途径

根据现行法律法规和相关管理办法，农村土地承包经营权的流转需要遵循相关规定。农村土地承包经营权流转对转让和其他流转方式在政策上的规定是不同的，其一般要求是：承包方采取转让方式流转土地承包经营权的，应当征得发包方（农民集体）同意，由发包方在转让合同上签署意见并加盖公章；承包方采取转包、出租、互换或托管、入股，以及合作经营、合伙经营等其他方式流转的，应当自流转合同签订之日起三十日内，报发包方备案。同时，要求当事人双方应当签订书面土地流转合同。

目前，农村土地承包经营权流转合同的达成主要是由交易当事人双方直接协商，也存在承包方委托发包方或中介组织参与和主导完成流转的方式。

通常采取的一般程序是，先由交易双方达成流转协议，然后签订正式流转合同，最后到乡镇的农村经济经营管理站（或政府指定的其他农地流转管理部门）进行备案。对于非集体组织成员或企业作为受让方进行的承包耕地流转必须到所在村民委员会（简称村委会）备案，并上报给乡镇经管站。

但在实际工作中，小规模的土地承包经营权流转更多采取的是供需双方的直接交易，往往采用口头合约或非正式的、缺乏规范的文本合约方式，较少采用正式文本合同并进行备案，这实际上为后来的土地流转纠纷的发生埋下了严重隐患。

而对于一次性的大规模农地流转，通常是由农地受让方和代表集体经济组织的村委会达成土地流转协议，然后由村委会出面以某种方式整合农户的土地承包经营权（主要是农地经营权），最后由村委会与受让方签订土地承包经营权流转合同。

第三节　农地流转价格

农地作为农业生产中不可替代的生产要素，以及农民手中具有保障功能的重要资产之一，其流转不仅仅是要素流动和配置的经济问题，也是一个关乎农户生产和生活的社会心理问题。农地流转涉及成千上万的资源禀赋和家庭状况不同、行为各异的农户，使农地流转及其流转价格的决定因素也异常复杂。

一、农地流转价格的类型划分

目前，中国农村土地制度的法律规定，农村土地属于集体所有，不允许买卖，但允许承包农户将土地承包经营权以转让、转包、出租、入股和互换等多种方式进行流转。由于入股和互换等方式不会形成有效的市场价格，因此，所谓的农地流转价格主要指的是以转让、转包和出租方式进行流转而形成的农地价格。应该指出的是，农地流转价格与其流转方式密切相关，农地承包经营权的转让价格和农地承包经营权的出租价格（或称为农户承包土地经营权的转让价格）所包含的产权构成的差异性，导致实践中形成了两种迥然不同的农地流转价格。

（一）农地承包经营权的转让

实际上，在农村土地集体所有的基本框架下，在同一集体内部，土地承包经营权的转让实质上是原土地承包农户对其所拥有的农村土地产权权益的完全放弃，这可以视为中国现有农村土地产权制度下的完整意义上的农地产权交易。虽然这种流转方式有利于减少不确定性，增强农地产权的稳定性，提高长期投资的积极性，但是，它在现有制度和法律框架下难以形成有效市场，主要是因为存在以下约束：一是土地承包经营权只能在集体经济组织内部成员之间转让，而通常的集体经济组织定义为行政村，范围狭小，集体经济组织内部成员难以形成有效的购买力和需求；二是土地承包经营权的转让须经集体经济组织同意方可进行，限制了土地交易双方的权利；三是规定土地承包经营权“长期不变”，然而，“长期”没有明确定义，指的是“30年不变”还是

"无限期"，期限过于模糊，导致土地需求者缺乏信心[①]；四是当前的农村土地制度改革的目标是落实集体所有权，稳定农户承包权，放活土地经营权，促进和健全农村土地经营权流转市场，使得土地承包经营权的转让失去明确的政策支持。上述四项约束导致农村土地承包经营权转让市场难以有效形成。但不可否认的是，土地承包经营权的转让在许多农村存在一定的供给和需求。调查发现，某些村庄在集体内部默许的情况下已经发生了这种方式的交易，交易价格通常由交易双方协商确定。笔者认为，基于农村土地承包经营权的财产属性，一方面，随着城镇化和工业化的发展，许多农民已经具备离开农村和农业的意愿和能力，生活和生产对土地不再存在任何依赖性，而且，对土地提供的保障功能的依赖性减弱；另一方面，"进城"生活需要一次性的较大数量的资金，通过农地承包经营权的转让可以帮助其进行资金的筹措，适当缓解资金压力。因此，适当放开和搞活农村土地承包经营权的转让市场是可行的，也是必需的。但需要注意的是，农户转让农地承包经营权的决策和行为往往是其生产生活确保能够完全摆脱对土地的依赖，或者由于家庭存在强大的资金压力而迫不得已的情况下做出的，而且转让的对象只能在集体经济组织内部选择，流转范围和有效需求较小，流转价格容易受到抑制。总体而言，在当前情况下，农地承包经营权转让市场将是有限的。

（二）农户承包土地经营权的流转

农户承包土地经营权的流转实质上就是通常所讲的农地承包经营权的出租或转包，即承包主体把农村土地经营权依法转移给其他农业经营主体的过程。当前，中央积极推行的农地"三权"

① 党的十九大报告中，已明确"第二轮土地承包到期后再延长三十年"。这一明确的举措有利于增强农地产权的稳定性，促进农地经营权流转的良好预期的形成。但对于那些已经转让的农地承包经营权，可能会引发一定的争议和纠纷。

分置的产权制度政策是希望将土地承包权与经营权分离，把土地承包权依法落实到承包农户家庭的同时，鼓励有条件的农户流转承包土地的经营权，在公开市场上向专业大户、家庭农场、农民合作社、农业企业流转，而且允许利用土地经营权向金融机构抵押融资。目前，农村承包土地产权交易市场的交易品种主要是农户承包土地经营权。农户承包土地经营权的流转价格通常称为租金（或转包费）。

二、农地流转价格的决定

（一）农地流转价格的基本决定因素

从根本上讲，价格是价值的表现形式，农地价格最终决定于农地价值的大小。一方面，农地作为农业生产中不可替代的生产要素，它的产出能力及其所提供产品的市场价值是影响农地价值的最重要因素，这可以看作是农地的“使用价值”。另一方面，农地作为农户家庭的重要资产，长期对农户家庭生活提供相应的收入和基本保障，实际上成为农户生产和生活中重要的组成部分，农民对长期经营的土地会产生一定的感情，如果彻底放弃土地的承包经营权，农民会产生一种“舍不得”的感觉，尤其对于那些与土地长年打交道的中老年农民而言更是如此。即使农户收入的主要来源不再依赖于土地，但只要知道这块农地属于自己，心中就会存在某种满足感，这种满足感是具有一定价值的，这可以看作是农地的“非使用价值”。罗必良认为农地是农民的人格化财产，人格化财产存在禀赋效应，农民会倾向于对农地给予更高的价值评价，在农地流转中农户存在过高评估其农地接受价格的意愿倾向，从而抑制农地的流转[31]。农地的非使用价值与农民对土地的情感有关，一般而言，农地非使用价值的大小与农民的年龄和农业从业经历呈正相关关系。

因此，农地的价值由它的使用价值和非使用价值两部分构成，它们是决定农户对农地的流转意愿及其流转价格的共同基本因素。

（二）农地流转价格的供求影响

现实中，农地流转价格在不违背其本身价值的基础上，主要取决于农地的供给和需求水平，农地实际流转价格的形成是供给和需求相互作用的结果。首先需要明确的是，基于农地资源的地域性特征，就某一个地区而言，在一定时期内，农地供给量基本是相对固定的。因此，总体上，农地流转价格主要取决于农地的需求程度。然而，随着对某一地区农地需求的增加，农地流转价格上升，对于农户个体而言，将会增强其供给意愿。

（三）农地供给水平的决定因素

在农村土地家庭联产承包责任制下，拥有农地承包经营权的农户是农地供给的主体，只有农户有能力而且有意愿放弃农地的承包经营权（或经营权）才能够形成农地的有效供给。由于农地基本上是按照家庭人口数量被平均承包给每个农户，因此农地的供给水平主要取决于在给定的价格水平下有意愿且有能力流转农地的农户的规模和数量。具体来说，农地供给主要取决于当地的经济社会发展水平和结构、城镇化吸引农业劳动力转移的程度以及政府政策等。

通常，一个地区的经济社会发展水平越高，第二、三产业越发达，居民人均收入水平越高，农户家庭收入对农业尤其是种植业的依赖性越低，农地对农户家庭所起的基础保障作用减弱，农户对农地的供给意愿就增强。就某一地区而言，距离城市越近或第二、三产业集聚程度越高的农村，农地供给规模就会越大，而相对地处偏远的农村，农地供给水平就越小。

一个地区的城镇化率是影响农地供给能力的重要因素。城镇化通过吸纳更多的农村人口和农业劳动力转移到城镇居住生活，造成返乡种地的成本加大，从而增加农户对农地的供给意愿。

政府政策对农户的农地供给意愿具有重要的影响和导向作用。如果政府对农地流转采取各种扶持和补贴等鼓励政策，以及建立有利于增强农户对承包土地的流转意愿和能力的宏观政策环境，如引导和鼓励农业人口向城镇流动的政策，都会有效地改善农地供给。

总体来讲，区域经济社会发展水平是决定农地供给的根本因素，绝不能超越经济发展水平而强制流转。

（四）农地需求水平的决定因素

通常认为，某一地区农地需求量的大小与该地区的经济发展水平、新型农业经营主体的发育程度、距离城市的远近、农业产业的集聚度及政府的农业扶持政策密切相关。

一般情况下，经济发展水平越高，在为农户提供更多的非农就业机会的同时，社会对各种农产品，尤其是特色农产品的需求量就会越大。一些农户和经济组织拥有充裕的资金，投资于农业，从而增加对农地的需求。

新型农业经营主体包括专业大户、家庭农场、专业合作社和农业企业等的发育程度越好，经营水平越高，对农地的需求就会越大。

若农地所处位置距离城市越近，产业集聚度越高，则面临的产品销售市场广阔，交通运输发达，产品容易销售，同时，也容易吸引到大量资金的投入，从而对农地的规模需求水平高。

另外，政府的农业扶持政策对农地需求具有极为重要的作用，一个地区如果重视新型农业经营主体的培育和扶持，支持农地流转和适度规模经营，那么，就会极大地促进农地需求量的增加。这也可以解释为什么上海、北京、天津等大城市的农地流转价格远远超过其他地区。

（五）农地流转价格决定的特殊性

农地流转价格不能单纯从经济上进行考察，这一观点已经得到众多学者的认同。Teklu 和 Lemi 认为传统的土地价格及模型都假设土地供需双方是通过价格机制完成的，但实际上它还包含许多非市场因素，如强制制度及相互信赖[32]；罗必良指出，与一般的农产品交易市场相比，农地流转市场是一个比较特殊的市场，这一市场包含了地缘、亲缘、人情关系，其运行有其特殊的市场逻辑[31]；钟涨宝等将农民的土地承包经营权流转行为划分为顽固型、观望型、情感型和探索创新型等四种类型，认为农户的农地流转行为并不完全是理性经济人的行为，而是有限理性[33]；骆东奇和任海珏通过进行实证分析，得出土地资源市场配置的预期价格与农村居民的居住地到乡镇的距离、人均家庭年农作物收入呈正相关，与整个家庭的在校生数量呈负相关关系，同时在指定土地资源市场配置价格的时候要考虑到经济、社会、理念等综合因素[34]。实际上，由于农业生产周期长，前期投入大，对于农地转入者而言，要想开展长期的农业投资、生产和经营，获得一个稳定可靠的经营环境是至关重要的。然而，考虑到农业生产的开放性、分散性及农村特殊的人文环境，农业经营者必须与周边农户建立起相互依赖相互信任的社会关系，这一关系的形成必然首先体现在农地的流转交易行为中。那么，市场因素和非市场因素在农地流转中所起的作用有多大，它们各自对农地流转价格产生何种影响，这需要进一步的分析和探讨。

从目前农村现实的农地流转情况看，根据农地流转规模和流转农户数量，农地流转方式基本可以划分为两类：一类是农户之间的农地零星流转，另一类是农户和新型农业经营主体之间的农地规模流转。安海燕和洪名勇认为，农户间的流转及农户流转给其他主体（家庭农场、农业企业、专业大户、农业合作社）的两种不同模式的关注点应有区别[35]。从前人关于农地流转的研究看，基本上没有对二者进行适当区分，这导致研究结果往往有失偏颇。笔者认为，农户在上述两种农地流转方式中，其行为选择和农地流转价格的形成应该是存在显著差异的。在农户之间的农地零星流转中，流转对象往往是邻里、亲戚和朋友等熟人，农地流转的目的通常不是关注经济利益最大化，而是希望农地能够不被弃耕或撂荒，因此，农户流转行为和农地流转价格受非经济因素影响较大。然而，在面向新型农业经营主体的农地规模流转中，首先，新型农业经营主体作为一种市场化经营主体，和普通农户的土地经营目标不同，它是以追求利润最大化为目标的；其次，新型农业经营主体进行的是农地规模流转，面对的是大量拥有农地承包经营权的分散农户，农户间的信息沟通快捷，竞争性强，人情关系将在信息对称和完备的众多农户面前减弱。因此，与个别农户间的农地零星流转不同，即使是农地规模流转发生于同一集体经济组织内部，农户行为和农地流转价格也主要受到经济和市场因素的影响。

第四节　来自山东地区的实证分析

鉴于上述认识，为方便分析，将农地流转类型划分为农户之间的“一对一”零星流转、农户和农村新型经营主体之间进行的“多对一”规模流转两种形式，对二者分别进行调查并进行比对分析。

一、数据来源

山东省是农业发展比较好的地区之一，农业经济在全国具有极为重要的地位，具有一定的代表性。2016 年，笔者与同事利用暑假和寒假时间，在山东省济南市、青岛市、日照市、济宁市、东营市、德州市、临沂市、枣庄市和菏泽市随机抽取了济阳、平度、莱西、莒县、曲阜、垦利、宁津、费县、滕州、巨野和曹县等 11 个农业经济较为发达的县市区开展实地调研活动。在这 11 个县市区中，共随机选取了 66 个专业大户和家庭农场，以及 132 个普通农户。针对这些样本的农地流转状况，包括流转面积、流转方式、流转意愿、流转价格及合同的订立等开展了较为详细的问卷调查，获得了第一手数据资料。对于专业大户和家庭农场而言主要是农地的转入情况，而对于普通农户而言包括农地的转入和转出情况。

二、新型农业经营主体的农地流转行为

（一）农地来源和流转面积

所调查的 66 个包括家庭农场和专业大户在内的新型农业经营主体，其土地经营面积共计 39 543 亩。其中，转入土地总面积为 39 105 亩，占土地经营总面积的 98.9%；65 户经营主体具有从承包农户手中流转土地的农地流转行为，仅有 1 户经营主体的土地全部直接流转自某一集体经济组织未被承包的荒地。所有新型农业经营主体中，自有土地面积仅为 438 亩，其中，自有土地面积最多的一户经营主体为 70 亩，总计有 37 个经营主体自有土地面积为 0 亩，超过了总调查数量的一半。这表明，一半以上的家庭农场和专业大户不是其经营土地所属的集体经济组织的成

员[①]。每个经营主体的平均经营面积约为599亩，其中，土地经营面积最大的为6 500亩，最少的为53亩。新型农业经营主体的土地经营及流转状况如表3-1所示。可见，目前新型农业经营主体经营的农地主要来源于土地流转。

表3-1　新型农业经营主体的经营及转入土地情况

经营面积/转入面积	3 000亩及以上	1 000～2 999亩	500～999亩	300～499亩	100～299亩	100亩以下
经营户数	4	4	10	22	24	2
转入户数	4	3	10	22	24	3

资料来源：调研问卷

（二）地块数量

实现耕地相对集中连片是农业规模经营的重要前提，经营主体所拥有的地块数量是衡量其规模经营水平的主要指标之一。所调查的66个新型农业经营主体所拥有的地块总数为481块，平均每个经营主体拥有的地块数达7块之多，其中，所转入土地的地块总数为463块。经营主体经营地块数量最多的为60块，地块面积最少的只有3亩（但与普通农户相比，地块面积相对还是较大）。但是，大多数经营主体通过土地平整将原本零散的地块整合为一块或几块面积较大的连片土地。新型农业经营主体经营和所转入的地块数分布量如表3-2所示。

所有经营主体中，所经营的农地地块数量为1块的有17户，约占1/4，所经营的农地地块数量为3块及以下的经营主体占到大约一半。有22户经营主体转入的地块数量为1块，占所有经营主体的1/3，所转入的地块数量为3块及以下的共有38户，占57.6%；转入土地4块及以上的共计28户，其中还有13户转入

① 一般而言，若新型农业经营主体属于某一集体经济组织的正式成员，基本都会拥有一定数量的承包土地。

的地块数在 10 块以上。可以看出，新型农业经营主体在转入土地时，重视土地的集中连片，并希望尽量做到成片的整块土地流转，但访谈调查发现，在实际流转过程中，很难做到这一点。因此，如何实现土地的集中连片是农村土地流转和经营的工作重点与难点。

表 3-2　新型农业经营主体经营和所转入的地块数量分布情况

地块数量	1 块	2 ～ 3 块	4 ～ 6 块	7 ～ 10 块	10 块以上
经营户数 / 户	17	17	11	7	14
所占比重 /%	25.8	25.8	16.6	10.6	21.2
转入户数 / 户	22	16	9	6	13
所占比重 /%	33.3	24.3	13.6	9.1	19.7

资料来源：调研问卷

（三）流转方式

从总体上看，所调查的新型农业经营主体中，有 1 户经营主体经营的是自己原来承包的土地，还有 1 户是通过承包集体荒地，然后自己挖泥填地获得可耕种的土地。其余 64 户经营主体均是通过租赁、转包和互换等三种流转方式获得土地，不存在通过农户土地承包经营权的转让获取农地的方式。其中，通过租赁方式获得土地的有 48 户，约占转入土地的经营主体总数的 3/4；通过转包方式的有 16 户，约占 1/4。但在调查过程中也发现，大多数经营主体对土地租赁和转包这两种方式是分辨不清的，只不过根据所在地域的不同而存在称呼上的差异。互换方式是一种为实现集中连片经营将自家所拥有的小片承包土地与地块邻近的其他农户相互交换，所调查的转入农地的所有经营主体中，只有 3 户进行了小面积农地的互换，而且，农地互换的面积很小，仅占经营主体所经营土地总规模的极小比例。可见，农地互换仅是租赁和转包的一种辅助方式。这可能主要是由于农户所拥有的土地本来就细碎而分散，而且处于不同地段的土地质量、单个地块面积、交通便利程度、离居住地的远近等存在较大的差异，所以很难达成互换协议。

（四）流转途径

所调查的66户新型农业经营主体中，只有1户经营的是自己原有承包土地而未转入土地。其余的65户中，有35户是通过自己与土地转出者直接进行协商而获得的，占转入土地的经营主体数量的53.8%；有20户通过村委会协调转入，约占30.8%；有5户的土地其中一部分是通过自己与土地转出者直接进行协商而获得的，另一部分土地通过村委会而获得，约占7.7%；有4户通过给中间人支付中介费的方式获得土地，约占6.2%；另有1户通过当地的土地流转市场竞拍获得，约占1.5%。具体如表3-3所示。可以看出，通过流转双方自主协商和村委会协调转入土地是当前新型农业经营主体实现规模经营的主要途径，占到土地转入总户数的90%以上，而通过土地流转市场转入土地的经营主体极少。另外，调研发现，通过村委会协调转入的土地块数往往比较少，土地集中连片程度较好，而自己与土地转出者直接协商或通过中介而转入的土地地块数量较多。

表3-3　新型农业经营主体转入土地的各类途径状况

流转途径	自主协商	村委会介入	中间人	市场竞拍	村委会加自主协商
主体个数/户	35	20	4	1	5
所占比例/%	53.8	30.8	6.2	1.5	7.7

资料来源：调研问卷

（五）流转期限

土地流转期限是关系土地经营稳定性的一个重要衡量指标。

一般而言，土地流转期限越长，表明土地经营预期越稳定，就越能够激发新型农业经营主体投资和生产的积极性。从调研数据来看，65户新型农业经营主体转入土地的年限各不相同，从1年到50年不等。即使是针对某一个经营主体，由于其所转入土地的时间或地块不同，土地流转期限也具有差异。举例说明，所调查的一户家庭农场共租赁了分属于不同农户的506亩土地，租入的土地使用年限分别为5年、13年、14年和15年不等。由于同一个经营主体转入不同农户或不同地块的流转期限存在差异，因此，不同流转期限区间内的经营主体个数的总和要多于实际的经营主体总数。土地流转期限分布的具体情况如表3-4所示。其中，流转年限在6～10年的最多，共有31个，占比为42.5%；11～20年的次之，共有17个，占比为23.3%；20年以上的共有7个。流转年限在6年及以上的共计为55个，占到总数的3/4以上。3年以下和未确定流转年限的只有3家。可见，新型农业经营主体流转土地时，希望能够获得更长时间的土地经营权。但值得指出的是，流转年限在6年以上的农地流转基本上都超出了农村土地第二轮承包期限，没有考虑第二轮承包期限到期的问题。

表3-4　土地流转期限分布情况

流转年限	3年以下	3～5年	6～10年	11～20年	20年以上	未确定年限
流转个数/个	2	15	31	17	7	1
所占比重/%	2.7	20.5	42.5	23.3	9.6	1.4

资料来源：调研问卷

注：表中经营主体户数（流转个数）的数据指的是经营主体转入的所有土地属于某流转期限的总数量。由于一些经营主体转入的土地年限不同而被分别列入不同的流转年限之下。

（六）流转价格

所调研的 66 户新型农业经营主体，除 1 户经营的是自有土地，还有 1 户是承包黄河滩涂地无须支付土地流转费外，总共统计了 64 户经营主体的土地流转价格。从总体来看，不同地区的不同经营主体的土地流转价格存在较大的差异，最高者达到 1 200 元 / 亩，最低者只有 200 元 / 亩，差异较大。大部分经营主体流转土地的价格集中于 500 ～ 1 000 元，共计 47 户，约占转入土地的经营主体总数的 3/4。农地流转价格的分布及占比情况如表 3-5 所示。

表 3-5　农地流转价格的分布及占比情况

流转价格	300 元 / 亩及以下	300 ～ 499 元 / 亩	500 ～ 799 元 / 亩	800 ～ 1 000 元 / 亩	1 000 元 / 亩以上
流转户数 / 户	4	9	14	33	4
所占比例 /%	6.3	14.0	21.9	51.6	6.3

资料来源：调研问卷

注：一些经营主体所流转的不同地块的价格不同，表中数据采用的是同一经营主体的不同地块的平均价格。

从不同县市区的经营主体转入土地的价格比较看，平度和宁津的土地平均流转价格最高，均超过 1 000 元 / 亩；费县、莒县和垦利的平均价格最低，在 400 元 / 亩左右。各县市区土地流转价格情况如表 3-6 所示。在各县市区内部，由于各经营主体所租入土地的年份及农地所处的地理位置的不同，其转入土地的价格也存在较大差异。以曲阜为例，在该市所调查的经营主体总共为 8 户，其中 4 户转入的土地价格为 1 000 元 / 亩，而转入价格最低的 1 户仅为 200 元 / 亩，差别较大。另外，滕州也显示出较大的差异，而在其他 9 个县市区，经营主体转入土地的价格差异相对较小。

即使对于同一经营主体来说，由于其所转入土地的年份不同，价格也不尽相同。如济阳一户家庭农场，连续 3 年分别以 600 元 / 亩、700 元 / 亩和 800 元 / 亩的价格转入了 3 块农地。而同样在平度的一户家庭农场，连续 3 年分别以 800 元 / 亩、900 元 / 亩和 1 000 元 / 亩的价格转入了 3 块农地。从经营主体在不同年份转入土地的价格变化看，农地流转价格呈逐年上涨趋势。据观察，这种上涨趋势可能与当时的粮食价格比较稳定存在极大关系；同时，经营主体进行农地的规模化流转更多考虑的是经济因素，其转入价格主要受到市场均衡价格的影响，非市场因素的影响几乎不存在。

表 3-6　各县市区新型农业经营主体转入土地的平均价格

单位：元 / 亩

地区	平度	宁津	曹县	巨野	滕州	济阳	莱西	曲阜	垦利	莒县	费县
价格	1 027	1 005	898	867	861	797	678	631	449	391	353

资料来源：通过调查问卷数据计算获得

（七）流转协议的订立

从调研状况看，新型农业经营主体转入农地的行为基本上会通过订立正式的流转合同实现。在全部 64 户转入土地的经营主体中，有 62 户订立了正式流转合同，约占 97%。但在这 62 户中，有 3 户对流转的大部分土地订立有合同，还有少部分流转土地因为各种原因未能订立合同。另外，还有 2 户没有订立合同。可见，新型农业经营主体关于农地产权流转的合约意识还是比较强的。

三、农户之间的零星土地流转

在针对专业大户和家庭农场土地流转状况调查的同时，我们也对其周边普通农户的土地流转状况进行了随机问卷调查，共收回132份有效农户调查问卷。

（一）土地经营与流转情况

所调查的132个农户，共经营土地面积1 151亩，平均每户经营约为8.7亩，这与山东省农户承包土地平均经营面积的数据相吻合。经营土地总块数为466块，平均每块土地面积不足2.5亩，可见，农户经营的农地分布极为分散。其中，有26户从其他农户手中转入了农地，约占所调查农户总数量的20%，共计流转土地面积为187.6亩，约占农户经营土地总面积的16%。可见，无论是从流转户数，还是流转规模进行衡量，普通农户之间进行的农地流转比例均不足20%。在所有26个转入农地的农户中，平均每户转入土地约为7.2亩，所调查农户转入农地面积最多的是25亩，最少的仅为1亩。

（二）流转方式

普通农户之间的零星土地流转的方式和新型农业经营主体的土地流转方式基本相似，主要包括转包、租赁和借用三种方式。其中，采用转包方式转入土地的有15户，采用租赁方式的有10户，还有1户采取借用的方式。

（三）流转途径

流转途径主要包括两种类型，一种是自己与农地转出者直接联系和协商，另一种是通过村委会协调。在26个存在农地转入行为的农户中，通过自己与农地转出者直接联系和协商转入农地的有21户，占比80%以上；通过村委会协调转入农地的仅有5户，不足20%。

（四）流转期限

普通农户之间的农地零星流转的期限在不同农户之间也存在

较大差异。流转期限最长的为 10 年，最短的为 1 年，还有 9 户的流转没有明确期限，期限不固定，农地转出者随要随给，具体情况如表 3-7 所示。

表 3-7　普通农户土地流转期限的分布状况

流转期限	3 年以下	3 ～ 5 年	6 ～ 10 年	未明确期限
户数 / 户	4	8	5	9

资料来源：调研问卷

（五）流转价格

转入农地的 26 个普通农户中，共有 24 户为转入的农地支付了一定数额的租金，但也有 2 户没有为此支付租金。在所有为农地流转支付租金的农户中，支付的租金数额也极不均等。最多的达到 1 200 元 / 亩，最少的只有 55 元 / 亩。普通农户之间农地的流转价格及其各阶段价格所占比重如表 3-8 所示。

表 3-8　农户间农地零星流转价格分布及其占比状况

流转价格	300 元 / 亩及以下	300 ～ 499 元 / 亩	500 ～ 799 元 / 亩	800 ～ 1 000 元 / 亩	1 000 元 / 亩以上
流转户数 / 户	8	10	4	3	1
所占比例 /%	31	38	15	12	4

资料来源：调研问卷

注：表 3-8 中的数据将没有支付租金的 2 户转入土地的农户的租金额设定为零。

各县市区农户之间农地零星流转的平均价格存在较大差异。所调查的 11 个县市区除济阳所调查的农户中没有转入农地，曹县仅有 1 个农户转入农地，而且支付租金价格为零；垦利区未获得农户调查数据。因此，上述两县一区未被统计，所统计的是其余 8 个县市区普通农户之间农地零星流转的平均价格，如表 3-9 所示。

表 3-9　各县市区普通农户转入土地的平均价格

单位：元 / 亩

地区	平度	滕州	莒县	曲阜	莱西	宁津	费县	巨野
价格	868	577	527	425	418	384	300	100

资料来源：通过调查问卷数据计算而获得

（六）流转协议的订立

在所调查的 26 个转入农地的普通农户中，有 8 户签订了书面的土地流转合同，占转入农地的农户数量的 30.8%，其余 18 户没有签订土地流转合同，占比 69.2%。

四、比较分析

本节通过上述对农户与新型农业经营主体之间的“多对一”农地流转及普通农户之间的“一对一”农地流转，在流转方式、流转途径、流转期限、流转价格和流转协议等方面所表现出来的特征，进行一一对比分析，以期揭示目前农村土地流转的综合特征，以及两种流转类型之间的异同之处。

①不管是农户承包土地的规模流转还是零星流转，目前流转的对象主要是农户承包土地经营权，流转方式基本上是以农地承包经营权的租赁和转包为主，而以转让农户土地承包经营权的流转方式极为少见。可以看出，目前，承包土地已被农户视为一项重要的家庭财产，不到万不得已，或者能够确保具有完全不依赖土地的能力的情况下，农户不愿意做出转让土地承包经营权的决策。同时，农户与新型农业经营主体之间所发生的规模流转更多地采取农地租赁的方式，而农户之间农地的零星流转更多采取农地转包的方式。这说明，许多新型农业经营主体可能并非是流转土地所属的集体组织成员，能够较大地拓展农地流转范围；而农户之间农地的零星流转主要是发生在同一集体组织内部成员之间

的行为，导致流转范围狭小，不利于发挥市场在农地资源配置中的决定作用及土地流转市场价格的形成。

②农户承包土地经营权的流转途径主要以农地供求双方的自主协商或通过村委会协调流转两种类型为主。其中，普通农户之间农地的“一对一”零星流转更多是以供求双方的直接协商为主，而新型农业经营主体对农地的规模流转由于要面对更多的农户，基于节约交易成本的考量，有超过 1/3 的流转是通过村委会和其他中介协调完成的。但需要指出的是，调查显示，农户承包土地经营权的流转，不管是新型农业经营主体的规模流转还是农户之间的零星流转，极少有通过正式建立的农村产权流转交易市场进行的。这表明，通过建立农村产权流转交易市场规范和推动农地流转存在一定的障碍。

③从农地流转期限上看，新型农业经营主体的规模流转与普通农户间的农地零星流转差异较大，前者的流转期限要远远地超过后者。可以看出，新型农业经营主体更加追求农地经营的长期性和稳定性，而普通农户对此要求较低。这一点在正式流转合同的签订上也表现得非常明显，普通农户间的农地流转未签订流转合同的高达 69.2%，而新型农业经营主体农地规模流转的类似情况几乎不存在。马贤磊等研究指出，土地承包合同提高了转入户转入农地的可能性和农地流转率，但并不显著影响转出户转出农地的可能性和农地流转率；签订农地流转合同提高了转入户和转出户的农地流转率[16]。这说明，新型农业经营主体的农地规模流转的市场化程度和规范化水平比较高，他们在追求利润最大化动力的驱使下，追求农地经营的长期性和稳定性，自觉促进和维护农地流转的规范化，更加重视和追求农地产权的稳定性和流转合同的法律约束。

④从农地流转价格比较来看，虽然一些县市区所获得的普通

农户之间的农地零星流转的样本较少，但总体可以看出，普通农户之间的农地流转价格要普遍低于新型农业经营主体的规模流转价格，而且前者价格要受到后者价格的重要影响。也就是说，在某一地区，通常由新型农业经营主体所主导的规模流转依据市场法则确定出该地区的农地流转价格，这一价格实质上是由追求利润最大化的新型农业经营主体和农地转出农户这两个理性经济主体通过农地的需求和供给的共同作用形成的，最接近于市场均衡价格。普通农户之间的农地零星流转难以对这一市场均衡价格产生影响，而且，普通农户之间的农地零星流转价格往往是根据新型农业经营主体规模流转所形成的市场价格进行确定的，但同时受到流转双方人情关系的影响。这也是一些学者认为农地流转行为及其价格的形成主要受传统人情关系、文化风俗习惯和伦理宗族道德等的影响，而非理性经济人行为的原因所在。

五、结果讨论

通过将现实中存在的农地流转划分为农户与新型农业经营主体“多对一”模式的规模流转及普通农户之间“一对一”模式的农地零星流转两种类型，可以清楚地发现，目前的农村土地流转过程存在着两极分化的“二元经济”现象。一极是以专业大户、家庭农场和农业企业等新型农业经营主体为主导的农地规模流转，另一极是普通农户之间的农地零星流转。调查研究显示，二者的流转机制，尤其是流转主体的行为方式和流转价格的确定存在巨大差异。

为什么以新型农业经营主体为主要转入者的农户承包土地经营权规模流转能够以市场机制为主导呢？笔者认为，这是基于以下两个原因：一是作为土地需求者的新型农业经营主体往往是农村中最有经济头脑的一批人，从事农地经营的目标是追求利润最大化，生产经营和产品销售直接面向市场，因此，其农地流转行为势必受到理性经济人的约束；二是“多对一”的规模流转将农地供给侧的众多农户和农地需求侧的新型农业经营主体置于统一的农地供求关系之中，多个农户的竞争和合作与追求利润最大化的新型农业经营主体的碰撞迫使原来维系乡村传统的人与人之间的人情、习俗的传统关系破裂，而转由市场和价格来主导。实际上，我们平常所观察到的人情关系和乡村习俗对农地流转产生的影响主要体现在“一对一”的农户间的农地零星流转之中。如果某一区域没有较好地培育和建立起良好的新型农业经营体系，那么，在不存在农户与新型农业经营主体之间“多对一”模式的规模流转的情况下，该地就难以形成能够反映农地真实价值和供求关系的农地流转价格，人情关系和乡村习俗等非市场因素对农地流转的影响就会一直存在下去。只有当农户和追求利润最大化的新型农业经营主体之间“多对一”的农地交易模式出现时，传统乡村中的人情关系和习俗势力对农地流转的作用和影响才会被逐渐消除，从而转由供求均衡决定农地流转价格的机制占据主导地位，并对农户间“一对一”的农地流转价格的确定起到一个明确的导向作用。

第四章

农户承包土地流转中的利益相关者：合作或冲突

利益相关者理论（stakeholder theory）认为，影响组织目标的实现或被组织目标实现所影响的个人或群体都是组织的利益相关者，应该受到重视。利益相关者的行为选择和利益追索对组织目标的实现具有极为重要的影响，尤其是，当组织中某些重要的、具有举足轻重地位的利益相关者基于自身利益考虑，产生道德风险而组织又难以对其进行有效监督和约束时，这可能对组织目标的达成产生严重的阻碍作用。

第一节　农户承包土地流转中的利益相关者

追求适度规模经营目标的农地流转离不开利益相关者的合作和支持。本章借助企业经营中的利益相关者的激励和约束理论分析农地流转中的利益相关者的行为选择和利益诉求对实现农地适度规模经营目标的影响。张建等将农地流转划分为农户自发型农地流转和政府主导型农地流转两种类型，并指出，政府主导型农地流转是由基层乡镇政府或村集体代理农户与规模经营主体谈判、签约，土地流转价格、期限和规模等基本由政府确定，农民间接参与土地流转；农户自发的土地流转，是由农户自己确定流转对象，直接与转入户谈判、签约，农地流转行为不受政府的干预[36]。

据观察，目前农户承包土地流转合约的达成基本上存在两种主要方式，而且这两种方式对实现土地规模经营的影响和涉及的利益相关者是不同的。

一、农户承包土地流转的两种合约方式

（一）“一对一”合约

农户承包土地流转所采取的第一种方式是，农地需求者与每一个农地转出农户一对一地达成协议，以实现农地经营规模的适当扩大。由农地转出农户自己确定流转对象，并直接与需求者谈判、签约，农地流转行为不受其他参与主体的干预。本村村民之间小规模的零星交易通常采取该方式，随机性强，主要是存在富余农业劳动力的农户为充分利用劳动力而向家庭农业劳动力不足的农户的农地转入行为，并不一定刻意追求土地集中连片的适度规模经营。农户之间通常利用彼此的信任或亲情关系通过建立非正式合约达成农地流转交易，由于合约的非正式性可能引致土地流转出现反复和纠纷。正如罗必良和刘茜所指出的，农地流转的利益纠纷源于流转合约的不稳定[37]。但是，这种纠纷可以理解为邻里熟人间一般的利益纠纷，往往能够通过双方协调或村委会调解得到解决，不会引发群体性事件，对农业生产和农村稳定破坏性较小。另外，这种农地流转方式只涉及农地需求者和农地转出农户，利益关系简单明了，即使在合约签订过程中双方为保证合约的有效性，会请第三方（通常称为中间人）见证监督，但中间人在其中并不存在利害关系。但是，显而易见，若希望以该方式实现农地集中和规模流转存在极大的交易成本，不利于农地适度规模经营的实现。

（二）“多对一”合约

农户承包土地流转所采取的第二种方式是，农地需求者，主要是指新型农业经营主体追求相对集中连片的土地规模经营，希望获得规模经济好处的流转行为。在现实中，这种农地流转合约的达成通常需要由三个关键环节构成。首先，由农地需求者与中介人达成流转意向；其次，由中介人根据需求者要求设法将各个农户的承包农地集中起来，形成相对集中连片的规模农地；最后，与农地需求者正式签订合同，完成土地的流转交易。这是中国目前较大规模农地流转采取的主要方式。尤其是在第二个环节，如何将分属于不同农户承包经营的零散地块整合为集中连片的土地是任何追求规模经营的农地流转行为所必须解决的最重要的问题，也是目前中国农业实现农地流转与规模经营的关键。对农地具有一次性较大规模的需求时，对需求者而言，所涉及的信息搜寻成本和谈判成本等交易费用将急剧上升。

目前，第一种合约方式虽然存在范围较广，但亦有其存在的必要性和必然性，尤其是在山区或偏远贫困的农村地区，农业劳动力还较为富余的情形下，这种方式的土地流转合约还可能会长期存在，但它并不是现代农业的发展方向，也不占据农地流转行为的主流，因此，它不应该是我们讨论和关注的重点。第二种旨在追求土地成方连片，通过土地流转实现农业适度规模经营的合约方式才应该是需要给予关注的重点。

因此，下面主要针对第二种“多对一”的合约方式所涉及的利益相关者行为选择及其利益诉求展开讨论。

二、利益相关者行为选择及其利益诉求

第二种农地流转的合约方式所涉及的利益相关者主要包括农户、农地需求者、流转中介、社区公众和基层政府。这些不同

的利益相关者在农地规模流转中所扮演的角色和功能定位是不同的，它们的行为选择和利益关系调整对农地流转的影响程度也因此而不同。

（一）农户

农村土地家庭联产承包责任制的实施及其后续系列的农地承包经营权稳定和确权政策使广大农户成为农村承包土地的“准所有者”。随着城镇化和工业化的发展，农村劳动力逐渐向城市和农业以外的其他产业转移，一些农户家庭的农业劳动力不足，从而产生转出农村承包土地经营权的愿望和行动。按照经济理论，农户作为一个理性的经济主体，在农地流转行为中应该追求农地转出收入最大化——愿意转给出价高者。然而，在中国农村，人情、亲情等关系是在一切经济交往中不得不考虑的重要因素。因此，农民对土地资源的配置，并不由纯粹的要素市场所决定[37]，往往受到人情、血缘、威权和习俗等多重因素的影响。也就是说，在广大农村并不存在一个完全经济意义上的农地产权流转市场。

然而，正如前面所分析指出的，这一问题并不能完全归咎于农民缺乏市场和经济意识，而是与当前的农地产权流转交易市场发育的完善程度具有直接而紧密的关系。人情和亲情等因素的影响更多地体现在农地的零星流转行为中，而在涉及较多农户的农地规模流转行为中，农户流转决策及其行为的选择主要还是取决于对农地流转价格和机会成本的权衡和考量。实际上，面对基于人情关系的相对不稳定的农地流转和基于经济关系的相对稳定的规模流转，许多农户可能更倾向于后者。只是目前在许多农村地区，并不容易出现农地规模流转的机会或缺乏规范的农地流转市场，农地流转只能更多地发生于熟人和亲戚朋友之间，从而导致农地流转中人情关系的大量存在。这种现象的发生亦被我们的调查所证实，许多农民反映，正是由于难以找到愿意成规模流转农地的需求者，只好由亲戚朋友代种。所以，在农地规模流转中，可以认为，决定农户土地流转行为选择的关键因素是其对农地流转价格的认知程度和价格预期。

（二）农地需求者

相对于农户而言，农地需求者的行为和目标定位很明确，就是希望以较低的价格获得适度规模的适宜农地。然而，需要说明的是，农地的需求价格与农地需求者的资金融通能力及其企业家能力存在密切联系。通常，资金融通能力和企业家能力强的农地需求者对农地需求价格的接受度和变通能力也较强，而资金融通能力和企业家能力弱的农地需求者则相对较弱。这往往就会导致，拥有雄厚资金实力和企业家能力的“工商资本”能够以较高的价格转入土地，而且能够依赖其强人的社会资本网络左右农地流转，从而对那些想同样进行规模经营的种植业大户或种田能手产生严重的“挤出”效应。

（三）流转中介

实现农地适度规模经营的根本前提是将原本分散在各个农户的细碎农地整合为相对集中的成方连片的统一地块，否则，农地适度规模经营就无从谈起。将农地整合为成方连片的规模土地不仅是实现农地适度规模经营的关键环节，而且是农地流转过程中最复杂、最困难的环节。连片流转困难的症结主要在于高昂的交易成本和流转价格[38]。期望在尊重农户流转意愿的前提下，面对几十个，甚至上百个具有不同土地供给的机会成本和供给意愿的农户，这一工作是相当困难的。举一个简单的例子，假设在一个村子里共有三个农户，耕地质量基本相似，由于年老体衰或家庭农业劳动力的转移，都存在转出农地的意愿，但是这三个农户由于农地原来设施和经营作物种类的不同，以及经营能力的差异，亩均耕地的年纯收益存在较大的差异，假设分别是2 000元、1 000元和500元，那么农地的年均流转价格应该如何确定呢？这显然是一个难题。因为农村社区是一个人情社会，社区内成员间信息沟通迅捷，若对不同农户制定不同的农地流转价格势必将导致合约的不稳定和纠纷的发生。显然，一个普通的或外来的农地需求者自身通常不具备这种解决问题的能力。

因此，农地需求者要想获得集中连片的规模土地，就不得不寻求一个具有足够影响力和协调能力的中介人，并由中介人首先采取某种有效方式帮助把分散的农地集中起来。通常而言，农地规模流转中介人的选择标准起码要满足以下3个条件：①对潜在的流转农地特征及相关农户的特征具有足够多的信息；②具有足够的权威和能力将各个土地承包农户所拥有的零散农地集中联片；③能够有效降低交易费用，帮助促进农地交易的顺利完成。农地流转中介人承担的另一个重要角色是它能够在农地转入者和农户之间起到“缓冲器”和“协调者”的作用。农地流转中介人的行为选择和目标定位取决于中介人的身份和能够接受监督的程度，其行为选择的影响和作用是不可替代的，是目前农地规模流转中极为重要的利益相关者。

（四）社区公众和基层政府

开展农地流转交易的农村社区希望从中能够获得基础设施的改善，促进社区的社会稳定和经济发展，总体上社区是否鼓励农地规模流转和拟采取何种方式流转通常会通过社区公众的舆论加以影响。从目前政策看，政府政策是鼓励通过农地流转实现土地适度规模经营的，农地流转规模往往是对地方基层政府考核的重要指标之一。基层政府经常采用鼓励引导、强制，甚至直接干预的方式介入农地规模流转过程。王春超指出，政府干预改变了农户土地转出决策[39]。一方面，农户根据自身效用最大化原则确定是否参与土地流转；另一方面，政府追求以村或小组为单位的土地规模集中流转，农户决策受制于村集体的流转决策。当村庄内部多数农户选择土地转出时，处于用地范围内的农户往往不得不被动服从村庄整体的决策安排。此外，农户无法自主选择土地流转的地块和面积，其资源配置行为受到较大的约束。

三、利益相关者的利益/权力矩阵

农地流转交易涉及的各利益相关者参与的利益驱动因素不同，对农地流转的影响力也具有较大差异。利益相关者受到不同的利益驱动，并将利用其影响力对农地流转效率和效果产生不同的影响。根据上述利益相关者的功能定位和利益关系，笔者构建了农地流转交易中的利益相关者的利益/权力关系矩阵，如图 4-1 所示。

权力 \ 利益	低	高
低	社区公众	农户、农地需求者
高	流转中介	基层政府

图 4-1　农户承包土地流转交易中的利益相关者的利益/权力关系矩阵

图 4-1 表明，社区只是通过社区群众的意愿表达对农地流转起到舆情导向和相对弱的监督作用，通常对农地流转交易不会产生太大的影响，但在农地流转的整个过程中，能够与社区保持一个良好的信息沟通和阐明农地流转可能给社区带来的好处将有助于农地流转的顺利进行。

值得注意的是，农户和农地需求者作为农地流转最直接的利益相关者，其涉及的利益关系是最大的，但在关于农地能否实现成方连片和成规模流转中的作用却不明显。虽然农户和农地需求者可能都存在强烈的流转意愿，但由于存在信息不充分、不对称及难以直接沟通等原因，双方很难独自达成流转协议。

各级政府，尤其是乡镇基层政府在中央追求农地适度规模经营政策引导的前提下，都存在较大动力促进农地流转，推进农业规模经营，在增加政绩的同时，增强当地经济活力。基于此，许多乡镇基层政府更喜欢通过招商引资，引进工商资本和大型农业企业进行农地流转，开展农地规模经营，在此过程中，基层政府往往利用行政权力进行直接干预。马贤磊等研究指出，政府在农地流转中既是“裁判员”又是“运动员”，可以有效地规范流转程序，约束流转双方的流转行为，避免出现流转纠纷，减少履约风险，降低了交易成本，显化了农地交易价格，稳定了农地经营预期。他也同时强调，为避免政府“运动员”角色可能带来的侵权负面效应，需要对政府农地流转行为进行必要的限定，以避免侵害农民农地流转自主权[40]。然而，有的研究表明，乡镇基层政府公权力角色定位极易出现偏差，通常表现为以行政权力介入和干涉农村土地流转。在一个流转关系中，出让方、受让方、村集体、乡镇政府形成了错综复杂的关系，公权力角色定位极易出现偏差，以行政权介入土地流转的情况也难以避免[41]。

如前所述，农地流转中介人在农地规模流转交易中的作用是无可替代的。按照交易原则，中介人是有权力要求获取一定中介费用的。然而，在现行机制下，许多农地流转中介，尤其是那些具有政府身份的中介人，既担当“裁判员”的角色，自身又是“运动员”，却难以从促成农地流转中获取任何显性利益。因此，中介人对农地规模流转的影响力足够大，却不能获得相应的显性利益，如何防止这些权力和影响力极大的政府中介的侵权和机会主义行为，这实际上是值得思考和注意的问题。

从以上分析可以看出，中介人和基层政府的行为选择对农地流转交易效率和效果具有极其重要的影响力。因此，深刻揭示中介人和基层政府的行为对促进农地健康有效的规模流转具有重要意义。根据前述农地流转中介人的选择标准，一般而言，村委会主要成员（以下称为村干部）由于其权威性和对农户及其农地综合信息的较高掌握度和熟悉度而容易成为较大规模农地集中连片流转的中介人。村委会作为农村经济社会治理中的自治性组织，其主要成员通常包括村主任、村会计及农村基层党组织中的村党支部（或委）书记等。村干部通过村民选举产生（村支部书记由所在支部的所有党员投票选举，或需要征求党员意见），一般在村民中享有较高威望，对村民和村庄经济、社会及土地等资源配置状况都足够了解，而且，他们也是村民和村庄与外界联系的主要代表人，与普通村民相比，他们也算是村庄中较为见多识广，在某些方面出类拔萃的人物。一旦村庄和村民家庭发生冲突或纠纷时，往往由村干部来帮助协调和处理。因此，当涉及村庄土地较大规模流转时，村干部无疑是村民和农地需求者眼中的最佳中介人。

第二节　农户承包土地流转中的农户和村干部行为选择

目前，大部分中国农村的农地配置存在农户拥有的土地经营规模小且分散，农地经营权流转市场不健全，流转渠道不通畅等现实问题，因此，农户的农地流转往往不得不寻求村委会或村民小组介入和参与。然而，实际工作中发现，村委会、村民小组侵害农户流转自主权现象较为突出[42]。王颜齐和郭翔宇基于博弈论方法讨论了农户与村干部在农地流转纠纷中的博弈行为特性，并指出，村干部作为农村土地集体所有权的代表，在农地流转过程中寻租的空间和可能性非常大[43]。钱忠好调查乡村干部行为对农地承包经营权市场流转的影响后认为，乡村干部偏好于经常性行政调整承包是其追求自身利益的必然结果，它在一定程度上抑制了农地流转市场机制的发育[44]。由于农地的较大规模流转涉及众多农户，若处置不当，往往会引发农村严重的群体性纠纷事件。这种群体性纠纷事件往往持续时间长，解决困难，对农业可持续生产和农村的稳定破坏性非常大。

在市场经济条件下，作为理性经济人的利益主体会根据不同的目标和利益诉求进行比较并做出相应的行为选择。那么，村干部作为村委会的人格化代表，在村民农地大规模流转交易中会采取怎样的行为？他们和农户及农地需求者存在怎样的博弈关系？村干部的寻租行为主要产生于农地流转过程中的哪些环节及其具体的根源是什么？本节拟构建一个中国农户承包土地经营权流转的二阶段委托—代理模型解释村干部寻租行为产生的深层次原因并提出相应的解决对策。

一、农户承包土地流转中的委托—代理关系

从表象看，村干部是农地需求者和作为农地供给者的农户为降低农地流转的交易费用而寻找的中介人。然而，实质上，村干部真正从事的并不是为完成农户承包土地经营权流转交易而进行的“牵线搭桥式”的简单的沟通协调工作，而是农地需求者认识到仅仅依靠自身能力难以将分散农户的土地集中连片，并且希望在将来的农地经营中避免与农户发生直接冲突和纠纷，能够实现顺畅稳定的规模流转和经营而寻求的一个较为可靠的“缓冲器”。基于对村干部在村民中的威望及其对农户和农地综合信息的较高熟悉度，农地需求者往往把村委会或村委会的某个主要成员（村

干部）作为其农地流转代理人。同时，在全国大多数乡村，法律意义上的群众性自治组织的村委会是农村所有集体资源（包括土地）所有权的代理人，我国的《土地管理法》和《物权法》规定，集体土地所有权由其代理人行使。因此，村委会（干部）作为农户承包土地集体所有权的代表，自然容易成为农地供给方的分散农户的代理人。

也就是说，在农地流转交易中，虽然村干部往往强调其仅在农户承包土地经营权流转交易中充当中介沟通和牵线搭桥的角色，但在实际的运作过程中，村干部既是农地需求方的代理人，也是农地供给方（分散农户）的代理人。因此，农地流转交易过程中的委托—代理关系实际形成了村干部同时作为农地需求者和农户共同代理人的双向委托—代理关系。

在该委托—代理关系中，作为共同代理人的村干部既拥有农地需求者所不了解的农户偏好和农地供给意愿、农地质量、农地实际承包者和农地边界等信息，同时，又拥有农地承包农户所不掌握的农地需求者的农地需求意愿、农地流转价格，以及农地流转政策等信息。这种严重的信息不对称性在很大程度上影响和决定了村干部在农户承包土地经营权流转中的行为选择。

二、农户承包土地流转的二阶段委托—代理模型

（一）模型假设

假设I：村干部追求的目标是自身社会利益和经济利益的最大化。村干部作为农地需求者的代理人在农户承包土地流转中获得的总效用由两方面构成，即农地需求者对其支付的一定数量的佣金和通过推进土地流转所获取的政绩。

村干部通过各种方式与所涉及的土地承包农户进行协商谈判、根据农地需求者的相关要求整合并形成相对集中连片的土地

规模，促进农地流转协议的达成，从而获得农地需求者支付的报酬效用（W）。

假设 W 的大小由农地实际流转面积（A）、实际成交价格（P 实）和农地供给者（农户）愿意接受价格（P 供）决定，则

$$W=A（P_{实}-P_{供}）$$

村干部由于促进农地流转而取得的政绩效用 P_c 与农地流转面积相关，这取决于实际工作中的地方政策推进农地流转和规模经营的意愿的大小。

$$P_c=f(A)$$

而另一方面，村干部为促进实现农地流转交易需要付出一定的时间和精力，假设付出成本为 C，它由村干部的努力程度 E、权威 T 和农户转出农地的意愿 I（V）决定。

其中，C 是关于 E 的严格凸函数（$\partial C/\partial E>0$，$\partial^2 C/\partial^2 E>0$），即村干部努力程度越大，成本越高，且边际递增，用公式表示为

$$C=g[E, T, I(V)]$$

那么，村干部在农地流转交易中获得的总效用 U（为简单起见，用纯收益代替）为

$$U=W+P_c-C$$

假设 II：与其他经济主体的目标假设不同，普通农户在承包土地流转中不仅追求收益的最大化，而且要考虑承包农地转出后的后续生计的可持续性。假设农户作为委托人在农地流转交易中的效用构成由以下因素决定，那么，农地实际流转对农户带来的总效用（或纯收益）V 为

$$V=AP_{供}+M-AR-AD-S$$

其中，M 为农户转出农地经营权后释放的劳动力从事其他工作所获得的纯收入；R 为农户经营农地的亩均纯收入；D 为农户对

农地经营权转出后可能遭受的政策变化所导致的预期亩均价值损失；S 为农户对未来可能失去从事其他工作能力后的农地提供基本生活保障功能的预期损失；A 为农地实际流转面积。

假设 III：农地需求者作为委托人在农地流转交易中的效用构成由下述因素决定，那么，农地实际流转对农地需求者带来的总效用（或纯收益）X 为

$$X=A\left(R'-P_{实}\right)$$

其中，R' 为农地需求者获得土地的亩均净收益；A 为农地实际流转面积。

（二）模型构建

村干部作为农户和农地需求者的共同代理人和理性个体，其行为在追求个体效用最大化的同时，为实现农户承包土地的顺畅流转，不得不同时考虑其委托人——农户和农地需求者的利益，也就是说，村干部追求其效用最大化的行为必然受到农户和农地需求者偏好的制约。

根据农户承包土地流转交易的实际操作程序，村干部在接收到农地需求者的委托意向后，首先要与农户进行谈判和协商，努力按照农地需求者的意愿和要求将所涉及的农户承包经营的分散土地集中整合，然后，再寻求与农地需求者谈判、签约，针对土地流转价格、期限和规模等达成正式流转协议。这里我们将其简化抽象为两个博弈阶段。

①农户与村干部的委托—代理博弈为第一阶段。在该阶段，农户享有“先行一步”的优势，有权决定是否将承包土地经营权流转委托给村干部，以及如何做出委托安排，村干部的行为受到农户个体的理性约束和激励相容约束。因此，第一阶段模型为

$$\max \quad W + P_c - C$$
$$\text{s.t.} \begin{cases} \max & V \\ \text{s.t.} & V \geqslant V_0 \end{cases}$$

其中，V_0 为农户的保留期望收益。

②村干部与农地需求者的委托—代理博弈为第二阶段。在该阶段，村干部的行为受到农地需求者的个人理性约束和激励相容约束。第二阶段模型为

$$\max \quad W + P_c - C$$
$$\text{s.t.} \begin{cases} \max & X \\ \text{s.t.} & X \geqslant X_0 \end{cases}$$

其中，X_0 为农地需求者的保留期望收益。

（三）模型的解

基于上述二阶段委托—代理模型，对村干部在农地流转中的效用函数进行求解，得出

$$\begin{aligned} & \max\{W + P_c - C\} \\ & = \max\{A\ (P_{实} - P_{供}) + f(A) - g\ [E,\ T,\ I(V)]\} \\ & = AR' - X_0 - V_0 + M - AR - AD - S + f(A) - g[E, T, I(V)] \\ & = [AR' + M + f(A)] - (X_0 + V_0 + AR + AD + S) \\ & \quad - g\ [E,\ T,\ I(V_0)] \end{aligned}$$

三、基于模型的分析与讨论

（一）村干部的行为选择和农地流转价格的确定

模型表明，在农户承包土地流转过程中，农地需求者、作为农地供给者的农户和村干部构成了复杂的二阶段委托—代理关系。其中，村干部借助于其特殊地位和掌握更多的信息而同时被农地需求者和农户选择为各自的代理人，其决策和行为会对农户承包土地流转产生至关重要的影响。

进行较大规模土地流转的农地需求者期望土地流转和规模经营给他带来长期稳定的预期总效用（或纯收益）X最大化，而农户希望通过承包土地流转获得预期总效用（或纯收益）V最大化。其中，影响和决定X和V的最重要的共同因素是农地的实际流转价格。在信息充分并完全对称的条件下，如果农地流转价格建立在各个农户和农地需求者自由的讨价还价的基础之上，那么，这一价格就近似于均衡的市场价格。但是，由于农地需求者和众多农户之间一对一的谈判无疑会产生巨额的交易费用，不确定性加大，因此，农地需求者不得不寻求村干部作为代理人，代理人的出现使得农地流转中各利益主体的博弈行为发生根本性的变化，此时形成的农地流转价格可能发生变化。

根据模型结果，村干部追求效用最大化的行为不仅取决于其本人的理性选择，而且还取决于农地需求者和农户在农地流转中预期效用的大小及其变动。村干部为农户承包土地流转付出的成本C由其努力程度E、权威T和农户转出农地的意愿$I(V)$决定。其中，I随V的增加而增加；C随I的增加而减少。由此可知，C随V的减少而增加。因此，在T固定的前提下，当$V=V_0$时，村干部付出的成本C达到最大。此时，村干部作为农户承包土地流转交易的代理人所获得的效用不能实现最大化。但问题在于，如果村干部利用其非对称的信息优势，并利用他在村民中的权威，对农户变相强制流转，可使其付出的成本达到最低。因此，村干部的成本函数g具有以下特点。

$$当\ T\to\infty\ 时，\partial g/\partial E\to 0，\partial g/\partial V\to 0$$

此时，村干部可获得最大效用。因此，可以推断，村干部在农户承包土地流转中的最优行为选择是利用其信息优势和权威进行强制性流转。

此时，农户出让的农地价格是农户可以接受的最低价格。

$$P_{供}=(V_0-M+S)/A+R+D$$

农地的成交价格是土地需求者可以接受的最高价格。

$$P_{实}=R'-X_0/A$$

根据二阶段委托—代理模型，与农户和农地需求者相比，村干部对农地流转价格拥有更为充分的信息优势。农户通常不清楚农地的实际成交价格 $P_{实}$，而农地需求者也难以弄清农户关于农地的供给价格 $P_{供}$。这种非对称信息的情况极容易导致村干部产生机会主义行为，可能对农户和农地需求者双方均进行欺瞒，使得 $P_{实} \neq P_{供}$。这就造成农地流转价格的扭曲，进而产生了租金，可能使村干部具有利用其权威和信息优势攫取该租金的机会和空间，从而发生寻租行为。

（二）农户行为选择和农地流转风险

将不同农户所有的零散地块整合为集中连片的土地是实现农户承包土地规模流转与规划经营的关键环节，但这一点，在大多数的实际研究中并没有得到应有的重视。在现实中，农户承包土地是否能够实现集中连片主要取决于土地承包农户和村干部之间的博弈。对于农户而言，农地集中连片流转主要取决于各个农户追求效用最大化的决策行为，使 V 最大化。$P_{供}$、M、R、D 和 S 是决定 V 大小的主要因素，但是，值得注意的是，不同农户追求效用最大化的决策行为和流转意愿具有异质性和不确定性。这主要是以下原因导致的。

一是不同农户由于其年龄、能力、家庭劳动力数量和素质，以及农业经营禀赋的差异，其所获得的 M 和 R 存在较大的差异，因此，对于不同的农户，土地流转的机会成本是存在较大差异的。二是 D 的大小主要取决于政府相关的农户承包土地政策，政策的变迁方向和不稳定性可能导致农户对农地收益或损失产生不同的预期，如果政府的有关农地政策让农民产生承包土地流转后可能遭受较大损失的预期，这可能导致“惜售”或“短期流转”行为。实际上，近些年来，农户承包土地政策的不稳定和政策间的不协调加剧了农户预期的不确定性，给农户承包土地规模流转造成严重的负面影响。三是 S 的大小更多地取决于政府所提供的农民社会保障体系的完善程度。政府为农民提供的社会保障程度越高，S 就越小。

正是由于各个土地承包农户追求效用最大化的行为具有异质性和不确定性，所以才会导致在农地流转价格上，各个农户会对农地流转价格产生不同的诉求。如果按照农户对农地流转价格的不同诉求一一进行谈判和达成协议，那么，农户承包土地集中连片的规模流转效率将会极低，甚至根本难以达成流转协议；若村干部以统一价格强制流转，虽然有助于实现提高流转效率和农地集中连片经营，但是显然难以满足各个农户对流转价格和流转期限不同的诉求。因此，即使村干部在农户承包土地流转中不存在机会主义和寻租行为，也难以满足所有流转土地的农户的要求，可能导致至少有部分农户的不满。这实际上也是造成目前追求农地集中连片流转以实现规模经营处于“两难”困境的主要原因。

第三节 结论与建议

当前，农村土地产权制度改革希望通过农地“确权、颁证、登记”，以及所有权、承包权和经营权“三权”分置促进农村土地流转，实现农地适度规模经营，推动现代农业发展。然而，农地流转交易的二阶段委托—代理模型告诉我们，将不同农户拥有的零散土地相对集中连片是实现土地规模流转和经营的关键环节和流转难点，农地流转存在的二阶段性和部分村干部拥有的难以被监督的行政权威是目前农地流转纠纷和问题发生的主要根源。尤其是，政府权力和政策的贯彻实施要渗透到农地产权的实际运作中时，其意志往往要通过村委会干部来具体实施和实现，这时，村干部又成为政府在农村各项事务处理的代理人。这种情形体现在农地流转交易中，则村干部无可替代地变成政府、农户和农地需求者的“三重”代理人，导致农地产权流转交易中的委托—代理关系相当混乱。村干部在其中担当的角色既是“裁判员”，又是“运动员”，其行为在当前的中国许多几乎“空心化”的农村难以受到有效制约和监督。2014 年 11 月，中共中央办公厅、国务院办公厅联合下发的《关于引导农村土地经营权有序流转发展农业适度规模经营的意见》亦指出，严格规范土地流转行为，并谨慎推动农地流转，避免盲目追求农地规模经营的“运动式”干预。基于上述分析，本章提出以下建议。

一、重塑农村自治模式，以“村民议事会”制度代替村委会制度

村委会是在 20 世纪八九十年代农村面临税费征收和计划生育等诸多事务管理的时代背景下产生的村民自治的产物。长期以来，村委会的发展被赋予一定行政任务和权力，普遍面临着准行政职能过度强化、经济职能不明确、缺乏相对公平有序的发展空间。

一方面，随着大量乡村年轻劳动力和社会精英向城市的转移，现在的村干部普遍存在素质不高、社会动员能力不足、自治能力比较差等问题，而且，在选举过程中，往往受到乡村宗族势力的严重影响，并不能成为村民利益的真正代表。事实证明，若权力最初的授予不得当，而且在执行中得不到有效约束和监督，村委会成员就极容易发生寻租行为，利用

其行政权威追求自身经济利益最大化。行政习惯的延续和村民长期养成的对该权威的认同导致村民委员会这一村民自治体制在全国许多农村形同虚设。随着农村人口和管理事务的减少，村委会拥有的行政权力已经成为农村基层自治的羁绊和障碍。

另一方面，随着工业化和城镇化的迅速推进，农村常住人口急剧减少，其中真正有能力，素质较高的年轻人较少选择留在农村，对参加村干部竞选也不热衷。留守的村民大多不具备管理和服务村庄的能力，长期来看，为避免农村因缺乏人才而导致管理空档的出现，应该从根本上完善和改革村民自治制度，减少村民委员会的行政决策权力，成立“村民议事会”，增强村民议事能力，对本村事务进行协调、沟通、组织和管理。另外，在乡镇一级政府设置“片区负责人”，并从各级行政单位无基层工作经验的年轻人和刚毕业的大学生中选拔人员担任“片区负责人”职务，统一管理和协调相邻几个村庄的党政等具体工作，与村民议事会一起对村庄事务进行沟通、协调、组织、规划、建设和管理。此项改革有利于打破目前农村长期形成的利益链条；有利于使村民获得充分自治的权利；有利于满足国家长期对行政和公务人员的需求，未来的行政和公务人员可以从表现优异的“片区负责人”中进行选拔。

政府功能主要体现在“片区负责人”和“村民议事会”在农村各项事务处理中的协调、沟通、管理及农村社区的整体规划和建设。对于农地产权的流转交易而言，可以由“片区负责人”和村民代表根据实际的农地需求和供给状况进行讨论和协商，确定是否流转；然后由“片区负责人”主导，村民议事会协调各农户，直接与农地需求者开展谈判，最终达成农地产权的流转交易协议。

二、农户承包土地规模流转既要尊重农户意愿，又要充分发挥集体所有权的作用

农村土地集体所有权的主要功能之一是要在法律框架下保障土地能够被有效地利用，实现资源配置的最优化。其基本功能具体主要表现为以下两个方面：一是不允许土地承包农户长期使承包土地处于“撂荒”“半撂荒”状态或私自挪作其他用途，对处于此类状态下的农户承包土地，所在集体经济组织有权通过有偿手段强制收回土地承包经营权或强制流转；二是能够根据村庄土地规划，为实现农地资源的有效配置，在不损害土地承包农户利益的前提下，适当调整土地或地块。

实现农户承包土地规模流转最重要也是最困难的环节是将分散在各个农户手中的零散地块加以整合，而成为相对集中的连片土地。如果过分强调尊重农户意愿，那么，农地规模经营的目标将很难达成；当然，若反过来，过分强调集体集中决策，农地规模经营也难以稳固，并且会滋生许多难以解决的纠纷。尤其是在偏远地区，土地仍然是许多农户赖以增加收入和劳动力利用的主要方面，一旦土地被强制流转，一部分农民可能由于缺乏其他的工作技能而失去工作机会和收入来源，造成农村矛盾激化和社会不稳定性加剧等情况。

在实际工作中，可以先在农户自愿基础上，将有流转意愿的农户的承包土地整合集中，同时适当调整农户地块，为那些暂时没有流转意愿的农户保留土地，切实保证农户在流转承包土地上的选择权。这样做的好处在于，土地规模经营和土地分散经营之间能够形成有效的竞争，农户会对流转土地所获收益和未流转的土地所获收益进行理性比较，从而做出有利于自己的选择。如果农户分散经营收益高于流转收益，说明土地流转并没有提高农业

生产效率和农户收入，这样的土地流转和规模经营从经济上考虑就不值得；如果土地流转收益高于农户分散经营收益，农户就会自觉放弃承包土地经营而进行土地流转。

因此，应该根据村庄农地总体利用水平和农户个体的农地经营情况，在充分了解和尊重农户个体流转意愿的基础上，适当发挥农村土地集体所有的产权制度优势，通过全体村民表决，共同确定本村的农户承包土地流转规模和方式，因地制宜，切忌为盲目追求规模而导致政策上的“一刀切”行为。

三、建立公开透明的农地流转招挂拍制度

对于相对集中连片的农户承包土地流转交易首先应由拟转出承包土地的农户代表和“村民议事会”成员一同参与流转的全过程，充分发挥“片区负责人”的协调沟通作用，通过公开的农村土地产权流转市场（或服务中心）、地方电视台、网站和报纸等新闻媒介向全社会传播和扩散土地流转信息，尽可能利用公开招挂拍制度（招标、拍卖或挂牌等），引入竞争机制，使农地流转价格的形成透明化，力求接近市场均衡价格，从而消除农户承包土地流转的信息不对称和二阶段性。

这需要政府做好以下几个方面的工作：一是以行政村为单位建立农地流转档案，详细登记所拟流转土地的各类相关信息，借助各县（市）或乡镇的农村土地产权流转市场（或服务中心）、农业信息网等建立农地流转信息发布平台，并由“片区负责人”适时进行信息发布和更新；二是借助当地新闻媒介，如地方电视台、网站和报纸等免费发布和传播农地流转信息；三是确定农地需求者，发布招标公告，进行公开招标，也可以由农户代表、“村民议事会”成员和“片区负责人”共同与农地需求者进行一对一谈判。

四、保持农户承包土地政策的稳定性、连续性和政策间的协调性

保持农户承包土地政策的稳定性、连续性和政策间的协调性，有助于使意愿流转农户对农地流转收益和成本有一个稳定的预期。虽然目前农地相关政策的制定和变动趋向是希望加强农村土地承包经营权的稳定性，有效保护农民利益，但在具体政策方面，存在一定的模糊性，如对农户承包土地的具体承包期限、到期后承包经营权的产权处置问题和承包权的继承问题，各地基层政府，甚至农户自身对政策的解读也不一样，这无形中加大了农户对承包土地收益的期望值，加剧了信息不完全和不对称程度，对推进农户承包土地流转产生抑制作用。近期，中央希望在土地所有权、承包权和经营权“三权”分置原则下，通过农户承包土地的“确权、登记、颁证”工作稳定承包权，激活经营权，推进农户承包土地流转，实现适度规模经营。然而，农户对承包土地确权有何看法，农地确权登记颁证将如何影响农户流转行为和决策，目前尚没有确定结论，学术界对此也存在争论，看法不一。

实际上，如果政策导向一直不断强化农户对农地承包经营权的收益预期，最终导致的结果可能是不断推升农户对农地承包经营权的供给价格，使农户普遍产生“价格幻觉”，而且在农业收入不再构成农户的主要收入来源时，农户若得不到其预期的流转价格，可能会选择宁可撂荒也不进行流转的局面。因此，农地政策必须在农户承包土地确权的基础上，明确农户对土地的承包经营权是一种“有限”权利，并相应制定和细化对农户承包土地管理的具体措施。若农户承包土地存在“撂荒”或“半撂荒”现象，应该行使农地集体所有权，由村集体强制有偿收回农户的土

地承包经营权或强制流转。

五、加强对农户承包土地流转的引导、规范和财政支持

如前所述，农户承包土地流转效率在很大程度上取决于农户的农地流转意愿和行为选择，而流转价格（决定了农地的预期收益）和土地的保障功能是影响农户承包土地流转意愿和行为的主要因素。农户承包土地流转的机会成本是决定农地流转价格形成的重要因素，由于农户承包土地所处的地理位置、质量等级、种植作物，以及农户的经营管理能力等存在差异，因此农户间农地流转的机会成本不同，不同农户对农地流转的预期价格存在较大差异。但农户承包土地规模流转不可能针对每一个农户制定不同的流转价格，因为若如此，农户承包土地规模流转协议很难达成，并且容易引发纠纷。一方面，这需要政府根据农地地理位置和质量等级等并参照主要农产品的市场价格对农地流转制定一个参考价格，对农地流转价格起到指导和平衡作用。而另一方面，基于某些农户，尤其是年龄较大的农民非常关注承包土地的基本保障功能，这一部分农户可以通过自愿退出土地的承包经营权加上一定的政府财政补贴的形式换取基本的生活保障。

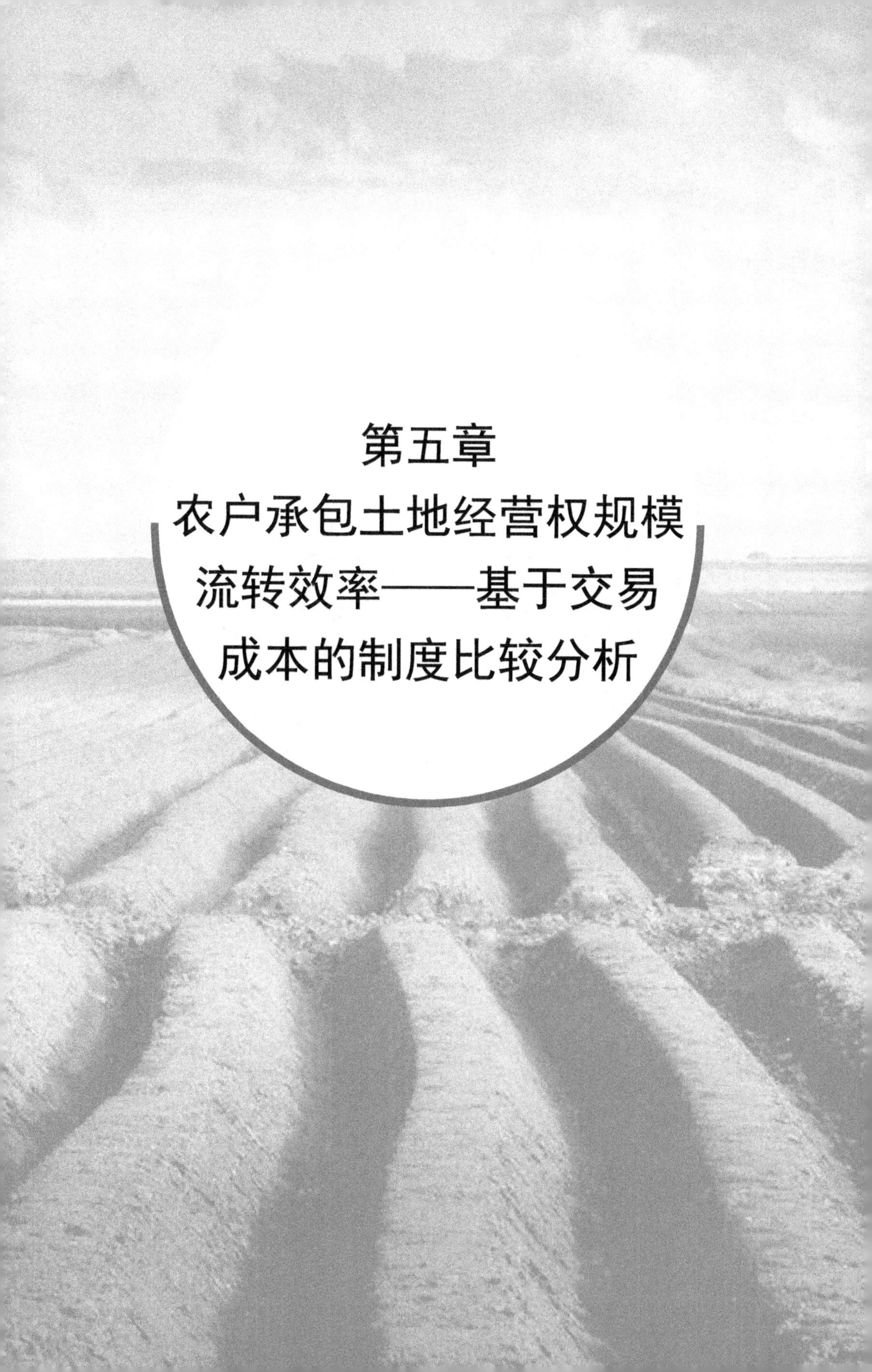

第五章 农户承包土地经营权规模流转效率——基于交易成本的制度比较分析

农村土地家庭联产承包责任制的实施在中国农村造就了无数个土地规模极小、经营极为分散的农业经营个体，随着城镇化和工业化的崛起和农村劳动力的转移，农业收入在农户家庭总收入中所占的地位越来越不重要。因此，农户承包土地作为农户家庭获取农业收入的不可或缺的生产要素的重要性也在下降，而其作为农户家庭资产的重要性在上升。农户承包土地资产价值的实现要求农地能够顺畅地流转，从而为农户家庭提供一定的现金收入流。社会主义市场经济要求市场在资源配置中起决定性作用，但利用市场机制配置资源是要付出一定交易成本的，其大小关乎资源配置效率。当然，反过来，有缺陷的甚至错误的资源配置决策和行为引致的无效率会加大交易成本。因此，农户承包土地经营权流转能否顺畅及其流转效率的大小与其流转所花费的交易成本密切相关。

第一节　理论概述

新制度经济学认为，交易成本无处不在，交易成本会影响资源配置效率。同时，不同的制度安排会对交易成本和激励机制产生不同的影响，从而对资源配置效率施加的影响存在差异。

一、交易成本理论

1937年，科斯在《企业的性质》中分析企业存在的原因时指出，利用价格机制是有成本的。科斯在这里提到的成本就是后来影响经济学发展至深的所谓的市场交易成本。1960年，科斯在《社会成本问题》一文中进一步明确了市场交易活动中所涉及的交易成本类型，主要包括信息搜寻和发现、谈判和签约及合同的监督执行等发生的费用[45]。后来，沿着科斯关于交易成本的基本思想，许多经济学家从不同角度进行了更加深入的研究。第一个提出“交易成本”定义的人是阿罗（K. J. Arrow）。他将交易成本定义为“经济制度的运行成本”，认为交易成本在一般情况下妨碍了市场的形成，在一些特殊的情形下则阻止了市场的形成[46]。不同的经济学家关于交易成本的含义与解释具有较大的差异，直至目前，尚不存在一个关于交易成本的公认的明确定义。然而，这并没有影响交易成本理论的发展和对现实的解释力。对此做出重要贡献的包括阿罗、威廉姆森（O. E. Williamson）、达尔曼（C. J. Dahlman）、施蒂格勒（G. J. Sligler）、张五常（S. N. S. Cheung）和诺斯（D. C. North）等，使得交易成本成为新制度经济学最重要的概念和基本理论之一。

其中，达尔曼和威廉姆森从交易、契约以及交易成本的孪生性出发展开研究，这与现实中在既定的制度安排条件下微观主体之间的交易实践更加契合，对中国农户承包土地经营权流转的交易成本问题的分析具有重要的启示和借鉴作用。

Dahlman 详尽地解释了市场交易双方在交易中所产生的各类交易成本，认为交易成本是由于信息不完全而导致的资源损失，交易双方欲达成协议，必须相互了解，并将可能提供的交易机会告知对方，信息的获得和传递是要耗费时间和资源的；如果交易的一方有多个经济代理人，在决定交易条件时，还会产生某些决策选择的成本；相互同意的条件确定后，还存在执行所订协议的成本以及控制和监督对方以确定其是否按照所订契约条款履行其责任的成本[47]。因此，从签约过程来看，交易成本包括信息成本、讨价还价和决策成本，以及执行和监控成本。

威廉姆森首先将交易成本划分为事前和事后两个部分。事前包括协议的起草、谈判和维护等费用；事后包括交易偏离一致性后所产生的不适应成本、双方矫正事后不一致性所产生的讨价还价成本、与规划结构有关的设立和运行成本，以及实现可信承诺的保证费用[48]。在1985年，他进一步指出，交易成本的产生主要基于两个方面的因素：一个是与交易有关的人的因素，他认为，进行交易的个人是有限理性和机会主义的；另一个是与特定交易有关的因素，涉及资产专用性、不确定性程度、交易频率等三个基本维度。其中，资产专用性是最重要的。有限理性、机会主义、资产专用性等三项特征形成的三个构面会影响交易成本的大小。其中，有限理性是指人的行为是“有意识地理性的，但这种理性又是有限的”；机会主义行为是指通过诡计等手段，追求自身利益，达到个人目的的行为，也称败德行为或道德风险，机会主义的存在会使交易成本增加；资产专用性是指交易所投资的资产本身不具市场流通性，或者契约一旦终止，投资于资产上的成本难以回收或转换使用用途[49]。

二、农户承包土地经营权流转中的交易成本问题

农户承包土地经营权流转作为促进中国农业供给侧结构性改革的一项重要制度安排，希望将分散于众多农户手中的经营效率低下的承包农地适当集中，实现农村土地的适度规模经营。农

户承包土地经营权流转是属于资源配置层次的一种土地使用权交易，在流转过程中涉及多个利益主体和多个环节，各个环节都会产生一定的交易成本。农户承包土地经营权流转本质上是农地使用权的交易，因此，在交易过程中交易双方必然面临信息搜寻、合约谈判及执行等方面的交易成本，过高的交易成本使得农地流转得不偿失，最终流转不起来[50]。许多学者认为交易成本是影响农地流转效率的关键因素，所以关注和研究农户承包土地经营权流转中的交易成本问题。

1969 年，张五常在其经典著作《佃农理论：应用于亚洲的农业和台湾的土地改革》中将交易成本与租约和农地流转量进行相关分析，指出交易成本的增加会减少农地流转量[51]。邢姝媛等指出，信息不灵、交易费用高是使有土地流转欲望的农户最终没有参与流转的主要原因[52]。钱文荣[53]、刘克春和苏为华[54]研究指出，农地流转过程中存在的交易费用对农户农地转入的可能性和转入面积都有负向影响，而农地产权的安全性是影响交易费用的一个关键因素。Jin 和 Deininger 认为，交易成本和个人能力是影响农地市场参与水平的重要因素[23]。在农地严重“细碎化”已是既定事实的情况下，农地流转通常要面临着高昂的“交易成本”，而且只要这些成本足够大并达到一个限度，农地的流转和集中就不可能发生[55]。可见，交易成本的存在不仅会影响农户承包土地流转的数量和效率，甚至可能完全抑制流转的发生。文献资料显示，迄今对农地流转中关于交易成本的研究焦点主要集中于以下两个方面。

一是对农地流转中影响交易成本大小的因素进行分析和解释。Duke 等以斯洛伐克为例，对中东欧国家 20 世纪 90 年代初普遍推行农村土地私有化改革以来的农村土地交易过程中的交易成本进行研究指出，大量的交易成本是与土地的高细碎化和低价值广泛分配的土地产权相联系的，而且政府的市场干预政策增加了土地交易间的交易费用[56]。罗必良和李尚蒲运用威廉姆森分析范式，对农地流转的交易成本进行了三个维度的实证研究，通过对广东省入户调查数据的计量分析表明，资产专用性对农地流转的交易成本影响显著[57]。钟文晶认为，农户的保障幻觉、农地用途与增值幻觉均会显著增加农地流转中的交易成本，并通过构造“禀赋效应—认知幻觉—交易费用”的概念模型，揭示了幻觉认知引发的交易成本对农户农地流转行为的影响[58]。

二是对如何降低农地流转中交易成本的相关问题进行研究。关于这个问题，学者们的意见基本相似，强调应该发挥农地流转中介组织的作用。黄祖辉和王朋认为，在土地流转中，中介组织具有桥梁作用，通过它提供完善的中介服务，可以降低交易成本[59]。沈映春和周晓芳对农地流转中有无中介组织的情况的对比结果显示，在无中介组织参与时，交易成本高；在有中介组织时，交易成本低[60]。于家丰[61]、王颜齐和郭翔宇[43]认为，中介组织在土地流转过程中可以降低交易费用和签约成本、减少交易风险，实现规模效益和规范流转管理。江淑斌和苏群研究了中介组织发挥的中介和担保作用，认为它们能拓宽农地交易范围，降低农户的信息搜寻成本[62]。

然而，对于中介组织的身份问题，学者们的观点有所不同。伍振军等将中介组织划分为内生型中介组织和外生型中介组织——前者一般是由村干部、农村中的技术能手和专业大户等能人牵头兴办，其特点是组建和运行过程中的自发性和独立性；后者则是依托或依靠相关职能部门兴办，其在组建和发展上具有一定的依赖性。同时，伍振军指出，政府行为对农户和用地主体的交易费用有直接影响[63]。张洪松指出，降低农户与业主间的交易成本应当成为政府介入农用地流转市场的主要方式[64]。而另一些学者则强调市场组织的中介作用。例如，田传浩认为，在当前我国土地细碎化、小规模的情况下，乡村集体的市场中介作用可以减少流转交易成本，提高土地流转市场效率[65]；仇娟东和赵景峰将我国土地承包经营权流转模式划分为直接式流转、政府参与式流转和中介参与式流转三种类型，并认为，各模式的交易费用具有“直接式流转＞政府参与式流转＞中介参与式流转”的基本关系，改善政府行为，充分发挥市场中介作用是降低交易成本，提高农地经营权市场效率的关键[66]。

三、简要评述

上述研究从理论上解释了农地流转中交易成本的构成、影响交易成本大小的因素、交易成本产生的原因，以及降低交易成本的主要方式等，然而，并没有进一步说明促进农地规模流转过程中交易成本产生的主要环节，以及所涉及的重要经济主体及其行为对交易成本产生的影响。

实践证明，农村土地家庭联产承包责任制下的农户家庭小规模经营在农业优质劳动力急剧转移的情况下不利于“三农”问题的解决，已阻碍了农业现代化的发展。当前，通过农业供给侧结构性改革和农业新旧动能转换推进传统农业向现代农业转型，必须首先实现农地适度规模经营，而充分可获得的集中连片土地是实现农地适度规模经营的根本前提。因此，农户承包土地经营权的规模流转至少包括两个不可分割的重要环节——“集中”和“交易”，而且不能仅关注其交易环节，更重要的是应该关注农地如何获得集中连片的环节。对于高度细碎化和分散经营的农户承包土地产权现状来说，集中连片土地的充分获得是农户承包土地经营权规模流转的最重要环节，也是花费交易成本较大的环节。只有解决好农户承包经营的零散土地的集中连片问题并能够切实降低其交易成本，才能有效解决现实中存在的“要转的，转不出；要租的，租不到”的农地流转的困境问题。

第二节　农户承包土地流转中交易成本的衡量与比较

交易成本理论能够较好地理解和解释现实经济问题，但如何准确地衡量交易成本一直是困扰经济学家的难题。威廉姆森指出，交易成本常常很难度量，通常可以借鉴比较方法。在中国，农户承包土地的流转通常分为两种形式：第一种是涉及个别农户之间的农户承包土地产权的零星流转，该流转方式一般不是为了追求农地规模经营，而往往是为了更合理充分地利用农户家庭劳动力或避免农地“撂荒”而发生的农地流转行为，流转双方通常囿于乡邻、朋友或亲友等熟人之间。第二种是新型农业经营主体与农户之间发生的农地规模流转，该流转方式通常是新型农业经营主体通过将农户承包土地集中连片，以实现农地规模经营，追求规模经济和农业经营利润最大化为目标。

第一种方式可以看作是农户承包土地流转的“隐性市场”。通常农地供需双方通过私下协商，达成口头协议或签订书面合同，不进行公开交易，其流转机制和流转价格常常受到人情和习俗等社会关系的严重影响，随意性较大，合同的执行主要是受流转双方信任关系和乡规民约的约束和监督，市场介入水平较低。尤其是，依照该类方式流转的农地价格往往是参照当地或周边的农地规模流转价格而形成的，价格差异较大，往往受到流转双方关系亲疏的影响。

第二种方式可以看作是农户承包土地流转的“公开市场”。通常是指某一新型农业经营主体和众多农户之间的农户承包土地规模流转。一般而言，新型农业经营主体开展农业规模经营，追求农业经营利润最大化，经营的专业化程度高，初始投资大，资产专用性强，因此希望首先必须保证所流转的农地产权的安全性和稳定性。为避免纠纷，其流转机制和流转价格通常要求严格遵循市场规则和法律规范，合同签订正式规范，合同执行受到市场规则和法律的约束，农地流转价格主要由市场供求决定。

从上述两种农户承包土地流转方式的比较看，虽然第一种流转方式目前亦广泛存在，涉及面较广，但是，它并不能对现有的农户承包土地流转价格的形成起到主导作用，也不能构成当前农村农户承包土地产权流转的主要方面，更不是未来农村土地流转的方向和目标，只不过是当前新型农业经营主体的培育不足、数量较少而对农地的规模需求不足造成的许多有农地流转要求的农户无奈的临时选择。随着新型农业经营主体的培育和发展，第一种流转方式必然会被第二种方式所取代。

值得注意的是，以往许多关于农户承包土地产权流转的研究，常常不对这两种流转方式加以区分，因此导致得出的结论和政策建议可能有失偏颇，缺乏针对性。因此，这里需要特别指出，本节下面的内容是以新型农业经营主体与众多农户之间的农地规模流转所涉及的交易成本为研究对象。

一、农户承包土地的流转环节与交易成本的类型划分

交易成本类型的划分方法有多种。但从科斯开始，许多经济学家常常根据一个合约达成过程中所需要经历的各个环节所花费的时间、人力、财力和物力等划分交易成本类型。在实际研究中，该分类方法被广泛采用。据此，我们首先将新型农业经营主

体与众多农户之间的农地规模流转完成一次合约的整个过程划分为不同的环节，进而根据不同环节所花费的成本对交易成本类型进行划分和界定。根据农户承包土地产权的流转实践，完成一次农户承包土地的规模流转一般需要经历以下四个环节。

（一）实现农户承包土地的集中连片

首先完成各个农户所承包土地的集中连片是农地规模流转和个别农户之间的农地零星流转二者的最大区别之处。通常，新型农业经营主体开展农地规模经营，不仅需要农地面积达到一定的数量水平，而且还需要所经营的农地相对平整和集中连片，从而实现农地经营的规模效益。若不能满足以上两点要求，就难以称其为农地规模经营。由于农村家庭联产承包责任制使得农村土地承包经营权基本平均分配到各个不同的农户家庭，因此，新型农业经营主体要开展农业规模经营首先必须考虑的事情是，如何从众多不同的农户手中流转面积较大而且相对集中的土地。

农户承包土地的集中连片是实现农地规模流转的前提。如果没有前期已准备好的集中连片的土地，农地规模流转合约的达成几乎不可能。但是，以往的研究文献中，却对如何实现农户承包土地集中连片的环节没有引起足够的重视，同样，该环节所产生的交易成本和相应的制度设计亦被忽略。虽然有学者注意到土地集中连片的重要性问题，但并没有对此展开深入思考。例如，黄丽萍[38]指出，连片流转困难的症结主要在于高昂的交易成本和流转价格，完善的市场体系将为农地承包经营权的连片流转提供良好的载体；王颜齐和郭翔宇认为，土地集中交易能够节约交易费用，促进规模经营[43]。

但上述研究均没有对如何实现农户承包土地的集中连片做出详细的解读。实际上，该环节所花费的交易成本是不容忽视的，而且是农户承包土地能否完成规模流转的关键。该项交易成本的产生主要基于以下两个方面：一是农户家庭所承包的土地往往处于分散细碎状态，需要将这些大量的分散细碎、分属于不同农户的土地整合成相对集中的连片土地；二是新型农业经营主体要通过流转一次性获取较大规模的土地，必须要面对众多农户，而不同农户的农地流转意愿和对流转价格的期望值存在较大差异。显然，将分散细碎分布的农地连片集中，并与众多具有不同流转意愿的农户达成一致性流转协议需要付出较多的精力和时间。一旦农地需求方所希望流转的，能够实现农地集中连片的农地承包经营权的农户不愿意转出其中的某块农地，或者某些农户对流转价格存在歧义，那么，农地需求方基于农地预期收入和产权稳定性、农地管理和规模经营效率等方面的考量，就可能不得不放弃业已进行的农地流转行为。

（二）相关信息的搜寻和收集

实现农户承包土地的规模流转，交易双方必须搜寻合适的交易对象。由于农户承包土地流转所包含信息的复杂性，如农地位置和质量、流转价格、流转面积，以及农地流转所可能存在的产权约束等，信息搜寻过程往往需要花费较大的代价。通常而言，在农户承包土地规模流转中，由于单个农户缺乏获取农地规模流转的相关信息，而且也无法了解其他农户农地流转的行为，因此，作为农地供给者的农户在信息搜寻和流转过程中往往处于被动状态。在当前农地承包经营权主要由不同分散经营的农户所拥有的情况下，新型农业经营主体要实现农地规模经营，就不得不花费大量的精力和时间寻找能够较为容易实现农地适当集中连片的区域，对当地的农业生产状况、农地区位、农业基础设施状况、市场和交通状况、社区治理状况、农地质量，以及农户流转意愿和农地供给价格等一系列信息进行较为细致和全面的考察与比较，从而筛选和确定出相对满意的农地流转对象和范围。

需要指出的是，一般的市场交易中，市场供需双方都会花费相当的精力和时间搜集相关的市场和价格信息，但在中国当前农地承包经营权由农户分散拥有和决策的体制下，普通农户缺乏开展农地规模流转的决策和行动能力，因此，农户虽然是农地规模流转中的主要参与者和最终决策者，但实际上却处于被动的和被选择的地位，正所谓是“有心而无力”，这也是导致农村许多地区普通农户间农地零星流转占主导的原因之一。

（三）谈判和签约

当农地流转双方发现了彼此的供求信息，尤其是新型农业经营主体通过前期的信息收集和评判基本确定了农地流转对象和范围，并将农地流转信息通过某种方式传递给所涉及的农户，农户承包土地流转就进入相关的讨价还价的决策环节。农户承包土地流转讨价还价和决策的焦点主要集中于农地如何集中、流转价格及流转的方式和期限等问题。农户承包土地规模流转在讨价还价和决策环节面临的最大困难在于，农地承包经营权分散在不同的农户手中，与众多拥有不同禀赋和意愿的农户一一谈判达成统一的协议，从而实现一致同意的流转价格和流转期限。谈判对象越多，统一合同越难以达成，讨价还价的决策成本也就越大。另外，虽然在 15 年期限的第一轮土地承包到期后，20 世纪 90 年代政府宣布土地承包期“再延长 30 年”，并以法律条文形式固定下来。然而，期间由于人口流动，农户承包土地调整幅度小而且频繁，导致许多地区的农地承包经营主体缺乏透明度，产权边界不明确。事实上，在农村这样一个人情社会中，如果不存在较大的利益冲突，产权主体和产权边界的模糊可能并不会影响农地的经营效率，然而，一旦农地进入流转而产生明显的（或预期的）经济利益，围绕农地承包经营权权属和产权边界等问题的冲突和纠纷将可能无法避免，不确定性增加，这有可能导致农户承包土地规模流转的谈判费用增加，甚至可能根本无法达成有效的流转协议。

（四）合同执行和监督实施

一旦新型农业经营主体与农村土地承包农户分别签署和达成农地流转协议，将农地流转面积和界限范围、流转价格、流转期限、租金支付方式、流转双方的权利和义务及相关的惩罚和约束等条款在流转合同中进行详细规定后，农户承包土地流转就进入合同执行和正式实施阶段。由于农地流转合同期限长，涉及主体多，农业生产受自然条件的影响大，农产品价格波动等因素的影响，农户承包土地流转在合同执行过程中往往更容易出现机会主义行为。罗必良证明，在农地流转的租赁缔约中，农户存在普遍的认知幻觉，在现实中要维护一个低成本的土地租赁合约是困难的[67]。这源于两个方面的原因：一是农户承包土地的集体所有及其承包经营权赋予了农户对土地使用的“垄断”地位，极易诱致农户对土地准租金的追求；二是农业公司的企业家能力及“信息装置”优势所形成的要素配置效率，会使得土地的价值功能加强，这难免会导致农户产生认知幻觉，误以为价值增值源自土地。

一般情况下，农户承包土地流转合同在执行过程中的机会主义行为主要表现为两种情形：一是农地转入方的机会主义行为。可能由于生产经营的农产品价格连续下降，或者受到自然灾害的影响等，农地转入方无法承受合同约定的租金，往往单方面中断合同的履行，或者采取“跑路”的方式拒绝支付租金，也不再继续耕种土地或履行土地经营义务。近几年，由于粮食价格波动剧烈，在某些地区，这种现象发生得不少。二是农地转出方的机会主义行为。农户承包土地转出农户签订农地流转合同后，由于家庭出现剩余劳动力而又缺乏从事其他产业的能力或农产品价格上涨，或者发现新型农业经营主体转入农地后获得了更为丰厚的利润而产生农地增值的幻觉，从而要求中断合同，退回农地经营权或要求提高租金水平。在农村地区，由于法制意识淡薄，农地转入方和农户的机会主义行为往往会严重干扰合同的正常履行，显著增加农户承包土地流转的交易成本。

综上所述，一般的农户承包土地规模流转需要经历农地集中、信息搜寻、谈判与签约、执行与监督等四个环节，每一个环节都会相应地产生一定的交易成本。当然，各个环节的先后次序并不能严格区分，其中包含交叉部分。例如，信息搜寻常常要在农地集中环节之前进行，但这并不影响对交易成本的具体分析。因此，可以认为，农户承包土地规模流转发生的交易成本分别由农地集中成本、信息搜寻成本、谈判与签约成本及执行与监督成本等四部分组成。然而，以往的许多研究仅关注信息搜寻成本、谈判与签约成本、执行与监督成本等三项成本，农地集中成本往往被忽视，从而导致促进农户承包土地规模流转的制度设计建立在农地已实现集中连片的基础之上，这显然有悖于事实。

实质上，可以明确地讲，充分获得相对集中连片的土地是实现农户承包土地规模流转的最重要一步。若在该环节中没有留下隐患，比如没有对农户采取强迫或欺诈方式流转等，农地集中过程严格遵循公开、公平、公正的原则，农户承包土地的规模流转就会相对顺利，纠纷现象就会较少出现，整个农地流转所花费的交易成本也就会比较低。

二、农地流转的现实途径

据统计，截至2016年底，全国耕地流转面积达到4.79亿亩。当前的农户承包土地规模流转实践，主要存在三种流转途径：一是通过政府主导建立的正式的农村产权交易机构，包括交易所、交易中心或服务中心等进行流转；二是新型农业经营主体等农地转入方通过以村干部（或村委会）为主的中介人（或组织）进行流转；三是农地转入方与各个农户直接洽谈而完成的流转。但是，由于第三种流转途径需要农地转入方单独与涉及的每个农户进行协商洽谈，交易成本耗费巨大，一般情况下，农地转入方在该方面的能力不足。同时，农户承包土地所有权属于村集体经济组织，农户只拥有农地承包经营权，农户所拥有农地产权的不完全性导致农户承包土地的流转最终离不开以村民自治委员会为代表的村集体经济组织。这种途径在现实中虽然存在，但数量较少。因此，在此不做讨论，只对前两种途径进行探讨。

在此，可以把第一种流转途径称为“场内交易”，第二种流转途径称为“场外交易”。场内交易实质上是政府为了引导和规范包括土地在内的农村集体经济组织的各类资源的产权交易，实现农村资源的优化配置而设立的农村产权交易机构内的农户承包土地产权的流转行为。近年来，全国许多省市，如成都、武汉、重庆、北京、天津、上海、广州、山东、河北等地先后成立了农村产权交易所（中心），并在全国各县市或乡镇建立了近两万个土地流转服务中心。其中，农户承包土地经营权是这些机构的重要交易品种。2015 年 1 月印发的《国务院办公厅关于引导农村产权流转交易市场健康发展的意见》明确指出，农村产权流转交易市场“既要发挥信息传递、价格发现、交易中介的基本功能”，又要“逐步发展成集信息发布、产权交易、法律咨询、资产评估、抵押融资等为一体的为农服务综合平台”。

政府希望通过农村土地流转平台的建设推动农户承包土地产权的健康流转。然而，从目前运行情况看，以各类土地流转平台为代表的农户承包土地产权的场内交易与场外交易相比并不太活跃。举例说明，重庆市家庭承包经营的耕地面积共 3 533.4 万亩，其中流转面积 1 357.7 万亩，总流转面积远远高出由重庆农村土地交易所成交的数量。其他省市的交易机构也存在类似情况。由此可见，农村承包土地产权的场外交易比场内交易要活跃得多。

（一）场内交易途径

下面以比较典型的北京农村产权交易所和武汉农村综合产权交易所为例[①]，说明农户承包土地经营权通过场内流转交易的流程环节。

（1）北京农村产权交易所简介与交易流程

北京农村产权交易所（简称北京农交所）成立于2010年4月，是经北京市相关主管部门批准，由首创集团下属北京市农业投资有限公司出资设立的北京农村生产要素流转交易的专业化平台和服务性机构。建立交易所的主要目的是希望实现信息集聚与发布、价格发现、资本进退、资源配置、规范交易、产业政策引导六大功能。目前将这种由“政府出台指导文件、主管单位审批监督、农交所组织完成交易”的农村产权交易方式称为“北京模式”。

北京农村产权交易所在14个涉农区县设立了分支机构。这些分支机构利用各级涉农系统的基层工作体系，来服务于基层的交易。分支机构根据业务量的多少安排人员，业务量多的安排1人，业务量少的，可以2个分支机构安排1人。北京市财政通过专项资金全额补贴的方式为北京农交所投资建设了包括信息发布系统、综合业务审批系统、电子竞价系统三部分的信息化系统平台。

目前，在北京农交所实际进行交易的业务主要有农村土地承包经营权、村集体经济组织“四荒地”使用权、农村集体林地使用权和林木所有权的交易等，占整个交易量的85%以上。政府出台统一规范性文件，要求集体经济组织的农村产权交易行为必须通过北京农交所进行，但对于农户承包土地经营权的流转视农

① 资料主要来源于各交易所官方网站及笔者等对上述两个交易所进行实地考察时的介绍材料。

户意愿，不做强制要求。

包括农户承包土地经营权在内的各类农村资源产权流转的交易流程如下，农民和集体经济组织在所在的本区县完成相关资料的提交，然后由北京农交所通过统一的信息发布平台，对农村产权进行公开挂牌交易。交易在分支机构完成，鉴证和收费等手续由北京农交所统一办理，具体流程如图 5-1 所示。

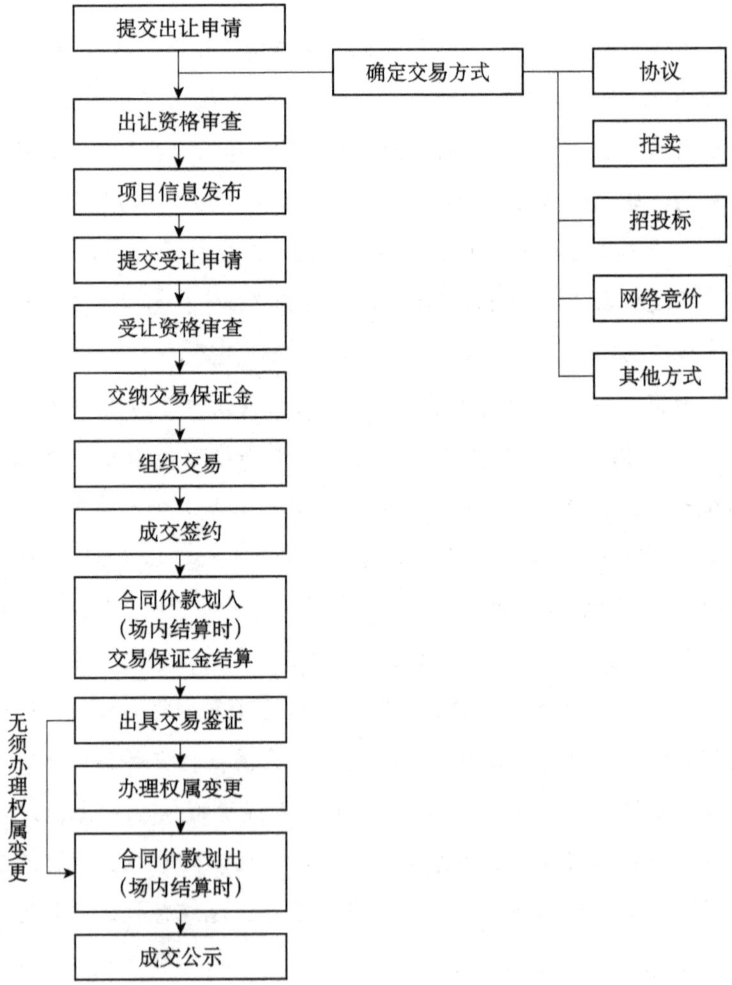

图 5-1　北京农村产权交易所产权交易流程

（2）武汉农村综合产权交易所简介与交易流程

武汉农村综合产权交易所（简称武汉农交所）2009年4月挂牌成立，是经武汉市人民政府批准依法设立的非营利性公司制企业法人。总部设在武汉，共设交易部、鉴证部、市场部、信息部、综合部等五个部门，为农村各类产权流转交易提供场所、设施、发布信息、组织交易等服务，履行产权交易鉴证职能；提供信息咨询、交易策划、产权经纪、培训辅导、委托管理、投融资等相关配套服务。武汉农交所采取统一监督管理、统一交易规则、统一信息发布、统一交易鉴证、统一收费标准、统一平台建设的“六统一”管理模式。这种农村产权交易的构建方式被称为“武汉模式”。

武汉农村综合产权交易所在各区指导建设区、乡镇垂直分支机构的交易平台，在业务上实现垂直管理，形成了市、区、乡镇三级交易平台统一管理、协作联动的农村产权交易市场体系。目前已批准成立5个区、24个乡镇农村产权交易分支机构。分支机构的人、财、物由所在的区（县）支付。武汉农交所的交易服务定位于公益性，其运营费用完全由财政承担，对农村集体经济组织、农民专业合作社和农民，一律不收取交易服务费。

目前，在武汉农交所实际进行交易的业务主要有农村土地承包经营权、村集体经济组织“四荒地”使用权、农村集体经济组织养殖水面承包经营权、农村集体林地使用权和林木所有权的交易等四种，占整个交易量的80%以上。其中，养殖水面承包经营权交易比重较大。包括农户承包土地经营权在内的各类农村资源产权流转的具体交易流程如图5-2所示。

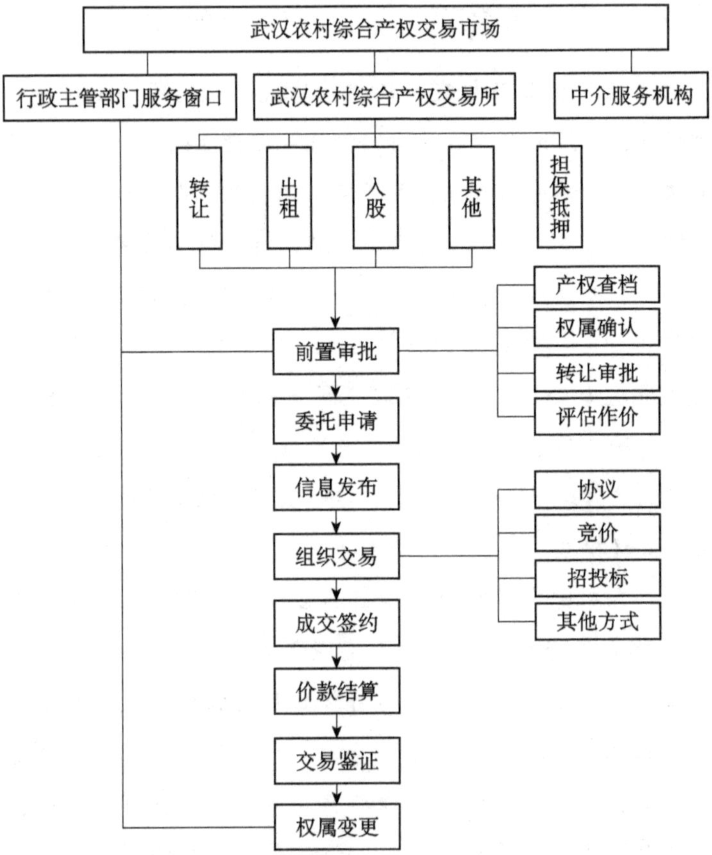

图 5-2　武汉农村综合产权交易所服务流程

北京和武汉的农村产权交易所可以看作是中国目前各地成立的农村产权交易机构的典型代表和缩影。二者在产权结构上有所不同，北京农交所的出资主体是企业，并且根据交易额的不同向进场交易者收取不同数额的交易服务费；而武汉农交所的出资主体是政府，定位于非营利性的公司制企业，目前不向进场交易者收取任何交易服务费用。可以看出，二者都是由政府主导，以企业方式运营的产权交易服务机构。

农户承包土地经营权交易均是各地农村产权交易服务机构所设定的主要交易品种之一，从目前的交易看，农户承包土地经营权的进场交易属于公益服务性质，基本是免费的，不收取任何费用，由政府财政全额补贴或减免。

农户承包土地经营权进场交易可以获得以下益处：提供标准交易合同，规范交易；通过信息发布平台，提高信息传播和扩散能力，能够吸引更多的农地需求者参与竞争；采取现场或网络竞拍手段，增强价格形成和发现功能，有利于实现农地资源价值的最大化；交易过程公开透明，有效避免暗箱操作，增强交易的公信力，有利于保障土地承包农户和农地转入者的合法权益；除帮助完成正常交易外，通常还提供资产评估、抵押融资、交易鉴证及土地再处置等其他增值服务。例如，武汉农交所联合评估公司、农业专家对农户承包土地进行价值评估，并根据估值情况，协调合作的金融机构办理抵押贷款。也就是说，对于农户承包土地经营权的交易者而言，在场内的交易过程不须承担任何显性的交易成本。但是，并不是指，该交易成本不存在，只不过是通过财政补贴或减免的方式由政府承担而已。

实际上，市场交易成本可划分为显性和隐性两种类型。虽然大多数交易平台为农户承包土地经营权的交易提供免费服务，显性交易成本较少，但实际上由于农村产权，尤其是农户承包土地经营权交易的复杂性，其交易过程隐含着巨大的隐性成本。这些隐性交易成本可能存在于产权交易前、中、后的各个环节。由政府承担或减免的只是农户承包土地经营权交易中的显性交易成本，还有一部分交易成本是隐性的，其中最重要的是农地集中成本，它可以说是整个农户承包土地经营权交易中最大的也是容易被忽视的交易成本，但并没有体现在场内交易的成本核算中，因为凡是进场交易的农户承包土地均是已先行集中好的。

（二）场外交易途径

农户承包土地经营权的场外交易是农地交易双方并不进入政

府主导和提供的产权交易服务机构进行交易，而是直接或间接与土地承包农户沟通谈判而进行的农户承包土地流转。在实际工作中，由于各地政府对农户承包土地经营权的流转并没有强制要求必须进入场内交易，因此，目前许多农户承包土地经营权的流转发生在场外，并且涉及的农户承包土地规模流转通常是以村干部（或村委会）为主的中介人（或组织）完成。在这种场外完成的农户承包土地经营权交易中，交易双方相互搜寻供需信息，通过讨价还价，确定流转价格，签订流转合同，制订合同执行和监督措施，流转合同备案，为中介人提供相应的报酬等，上述费用就构成了必须由交易者自身承担的交易成本。

三、两种流转途径的交易成本比较

从上述农户承包土地经营权流转的场内和场外途径看，场内交易之所以产生的主要原因在于政府希望引导和规范农户承包土地经营权的流转行为，降低交易成本的一项制度设计和建设。如果对包括交易所场地租赁和运行费用等保证这些制度建设和运行而所需投入的社会成本（实际上，这些成本可能非常大）不加以考虑，而仅对分别在场内和场外完成的农户承包土地经营权一次流转所花费的交易成本进行比较，可以发现，场内交易发生的交易成本要低于场外交易。

首先，场内交易具有较高效率的信息平台，交易信息集中度高，信息搜集和发布传播能力强，能够降低农地交易者之间的信息搜寻成本；其次，农交所作为农村产权信息和交易的集散地，能够吸引到更多的交易者参与到农户承包土地经营权的交易中来，价格的发现功能强，再辅之以资产评估和网络竞拍等现代交易手段，实现资源优化配置的讨价还价成本要低于场外交易的讨价还价成本；最后，对于合同执行和监督成本，目前农交所一般提供交易鉴证功能，相对来说，具有更强的约束能力，但由于农户承包土地产权问题的复杂性、地域性强和习俗人情等因素的影响，该项交易成本并不容易被评估和比较。因此，总体而言，农户承包土地经营权规模流转的场内交易成本要低于场外交易成本。若根据当前对几乎所有涉及农户承包土地经营权的场内交易实施免收交易服务费的政策，那么，交易者实际上面临着零交易成本。正如一位参与场内交易的新型农业经营主体所描述的那样[①]：

进入市场交易对咱们来说是个保障，不仅交易过程公开透明，交易手续也规范，对双方都具有法律约束力。虽然成交价格比市场价高一些，但签订合同后，每年都是这个价，杜绝了和农户私下签约时常出现的看你有收益就提价的现象。再说，咱想流转面积较大的地块，一家一户谈根本耗不起，通过拍卖，省时、省心、省力。

那么，为什么在现实中农户承包土地规模流转的场外交易还如此盛行呢？许多学者对此的解释是农户承包土地经营权的场内市场交易体系建设滞后，制度不完善造成的。然而，我们通过对北京、武汉和山东等省市的农村产权交易机构的考察发现，这些交易机构大都设施完善、制度规范，并且具有良好的信息传递渠道和现代化交易手段，显然，这种解释理由并不充分。

笔者认为，造成这种现象的主要原因是上述讨论的不管是场内交易还是场外交易，假设的前提是拟进行流转的农户承包土地均已经实现集中连片，辽宁省农村经济管理总站孙军接受采访时强调：“上市交易的土地尽量集中连片，需要村委会组织、调整

① 摘自《上市拍卖：农村土地流转的新思路》中对一位进场交易的新型农业经营主体的采访，原载自《辽宁日报》，http://www.tuliu.com/read-7900.html［2014-11-25］

土地，有的地方甚至进行整理，形成规模优势，以吸引实力强的经营主体。”在实际的农户承包土地规模流转中，规模农地的需求者往往面临的是仍由众多农户拥有承包经营权并分散经营的、远未实现集中的细碎土地。农户承包土地的集中对后续的农地规模交易模式和途径选择将产生重要影响。鉴于农户承包土地经营权规模流转过程中的农地集中环节相对独立而且对总交易成本影响较大，因此在这里有必要对农地集中问题做一单独论述。

四、关于农地集中问题的探讨

（一）农地集中是实现农户承包土地规模流转和经营的重要前提

完成农户承包土地的相对集中连片是实现农地规模流转的前提条件。农村土地家庭联产承包责任制使得农村土地承包经营权基本均匀地分散在成千上万的农户家庭手中。即使是目前，也是只有少数地区的少部分农户承包土地以各种方式被集中起来，这样的地区主要分布在经济较为发达的省市或城市周边，而其余大部分地区的农地仍由各个农户家庭分散经营。对于这些分散在农户家庭经营的农地来说，如果不存在新型农业经营主体的相应规模需求，即使农户由于家庭劳动力转移而产生农地流转的意愿，这些农户承包土地也不可能被先行集中。因此，对于目前尚处于分散经营状态的农地而言，农户承包土地经营权的交易形成了一对矛盾：一方面，如果没有新型农业经营主体对规模土地的需求，就没有农户承包土地的先行集中；另一方面，新型农业经营主体要实现农地规模流转和经营，首先就必须面临和解决农户承包土地的集中问题。也就是说，新型农业经营主体一般作为规模农地的需求方，并不能直接进入农户承包土地经营权的交易程序，而是需要先寻找合适的区域并先期进行农地集中。

（二）农地集中和农地流转的同步性决定了场外交易活跃性

当前，由于大多数农地仍然由众多农户家庭分散承包经营，以新型农业经营主体为主的农地规模需求方要获得规模农地，首先要经历一个农地集中过程。通常，新型农业经营主体需要先行搜集某地农户承包土地的相关信息。但由于农地具有强烈的地域性和专用性特征，同时农地流转市场不完善，流转信息缺乏，农地需求方往往只能围绕自己常住的所熟悉的区域寻求农地集中和流转。实际上，新型农业经营主体作为农地需求方引导和参与农户承包土地的集中就是达成农地流转意向合同的过程。因此，对于大多数现实的农户承包土地规模流转来说，农地流转意向合同要先于农地集中。在农地集中之前，农户承包土地经营权的交易双方通常会就农地流转范围、交易对象、流传期限和流转价格等构成正式合同的要素达成基本共识。显然，在这种情形下，农户承包土地经营权流转就没有必要进入场内交易了。

（三）农地集中的政府推动型和市场拉动型两种模式各有优劣势

一般来讲，目前常见的农户承包土地集中模式大体上可以划分为两种类型：一种是政府推动型，另一种是市场拉动型。政府推动型是以某些乡镇地方政府，或村委会为主导，为实现农业规模经营而制定相应的政策和具体措施将分散在农户手中经营的承包土地先行集中起来，组建农民专业合作社，或者通过招商引资，整体流转给农业企业和其他新型农业经营主体进行规模经营。而市场拉动型是随着某些地区新型农业经营主体的兴起，新型农业经营主体由于自身对规模农地经营的要求逐渐形成对农地的自发需求，从而以新型农业经营主体为主导，通过各种方式进行农地集中。

政府推动型通过行政干预手段可以快速实现农户承包土地的

集中，降低交易成本，有利于提高农地流转效率，但必须要满足三个前提条件：一是不能单纯依靠强迫命令，损害农户利益；二是当地确实存在一批具有农地规模需求而且有能力开展规模经营的新型农业经营主体；三是政府不能利用行政手段进行简单的“拉郎配”，以致引进来的农业新型经营主体“水土不服”，导致与当地村民的冲突。以上三个条件缺一不可，否则，集中起来的农地很可能就成为地方政府手中的“烫手山芋”，引发持续不断的农地纠纷问题。

市场拉动型主要基于新型农业经营主体和农户之间自发的农地供求行为。这种模式的主要优点在于农地流转是建立在双方自愿的基础之上，不存在来自外界，尤其是政府的干预。新型农业经营主体可以较好地处理与当地村民的关系问题，有效解决“水土不服”的难题，农地流转引发的纠纷现象比较少。当然，这种模式的缺点也很明显，主要是为实现农地集中而花费的时间较长，交易成本过大，不利于农地的快速有效集中。在这种情况下，新型农业经营主体不得不寻求以村干部（村委会）为主要中介的农地集中流转模式。

五、流转效率比较及其焦点问题

（一）关于农地流转效率的界定

农地流转是在农村土地联产承包责任制的特定背景下，通过农地产权（主要是指农户承包土地经营权）在不同农业经营主体之间的转移和流动，从而改善农地资源的配置效率。现有文献对农地流转效率概念的界定和解释大致上可以划分为两种类型：第一类是仅关注农户承包土地经营权流转过程是否顺畅及其流转成本的大小，它以农地流转速度和交易双方为完成农地流转所花费的时间、人力、物力和财力等构成的交易成本为主要衡量指标；

第二类是除了上述涉及的内容外，还关注流转完成后农地的利用及其投入产出的比较。可见，第二个解释比第一个的内涵更为宽泛，不仅关注农地流转过程，还涉及农地的利用水平和效率。在这里，因为我们探讨的主要是农户承包土地流转过程中的问题，所以，对农地流转效率的界定采用第一类说法。

按照经济理论，农地作为农业生产中不可或缺的重要自然资源，其流转效率可以采用帕累托标准（即帕累托最优状态标准，指在资源配置中，如果至少有一个人认为方案A优于方案B，而没有人认为A劣于B，则认为从社会的观点看亦A优于B）来衡量。农地流转效率可以定义为，在至少不损害或不减少转出承包土地的农户利益的前提下，促进转入农地的经营主体利益的增加。农户承包土地产权的转移不得对农地承包农户的利益产生损害，是农户承包土地流转的底线，这既是对土地原承包农户既有利益的保护，也是确保农户承包土地流转和经营实现长期稳定性的根本条件。

据此，具体而言，农地流转效率可以从以下三个方面进行界定和衡量。①农地流转所获收益不得低于土地承包农户进行土地经营所能获得的平均纯收益。若农地流转所获收益低于农户开展农地经营的平均纯收益，那么，这样的农地流转是建立在损害农户利益的基础之上，不符合帕累托标准，是不可持续的。②农地流转能够使农地转入者获得相对集中连片的农地，帮助实现土地适度规模经营。这实际上是促进农户承包土地流转的宗旨所在，也是获得农地经营效率的保证。③完成一次农地流转所花费的时间、人力、物力和财力等要尽可能少，即完成农地流转的交易成本能够控制在一定可接受的范围之内。

（二）农地流转效率比较

从上述关于农地流转效率的衡量标准看，在不考虑农地集中问题及其所花费的交易成本的前提下，农户承包土地经营权的场内交易途径通过相应的竞拍机制能够更好地发现市场价格，使农地流转过程更加透明和公开，降低了“暗箱操作”的风险，众多交易者的参与和竞争使农地资源能够得到更加有效的配置，同时，目前几乎所有政府主导建立的农村产权交易服务机构（包括交易所、交易中心或交易服务中心）对农户承包土地经营权的交易采取免收交易服务费的措施，使农户承包土地流转的交易成本也降到最低。

总体而言，农户承包土地经营权通过场内交易能够获得更为规范且具有更好法律保障的正式合同，具有较高的资源配置效率，但并不能说进入场内交易的双方所面临的交易成本为零。首先，交易双方需要按照交易服务机构的要求提交充分完备的交易资料，然后，交易服务机构要对交易资料进行详细地核实和审查，最后，还需要交易双方亲自到所指定的交易服务机构进行办理。对于农地交易双方来说，整个交易过程的完成需要花费一定的等待时间，特别是那些地处比较偏远的交易者，还要相应承担较多的交通费用。

必须指出的是，农户承包土地经营权的场内交易途径能够获取较高流转效率的前提条件是，其交易对象是已经实现有效集中的规模土地。也就是说，目前，场内交易并不具备土地集中的功能，农地交易双方要进行农户承包土地的场内交易，必须先行将农户承包土地集中起来。农户承包土地的集中是形成和发展中国农户承包土地规模流转市场的一道绕不过的关键环节。由于现实的农地集中往往是在新型农业经营主体作为农户承包土地经营权的拟转入方与农户之间基本达成初步流转意向才会进行，新型农业经营主体已经为农地集中付出了相关交易成本，并对交易双方形成了一定约束。因此，选择场外交易途径可能更加简捷有效。

可见，关于场内交易和场外交易的选择更多受到农户承包土地是否已实现集中的影响，而非取决于对农地流转效率的考量。这可能与各地由政府主导建立的农村土地交易服务机构的初衷存在不一致性。

第三节 焦点讨论

从上述分析可知，流转途径和农地集中模式的选择是影响农户承包土地规模流转效率的两个重要因素，有必要对二者展开进一步的讨论。需要关注和讨论的焦点问题是现行流转途径和农户承包土地集中模式的有效性。

一、场内交易的有效性

目前，许多省、市、县和乡镇等在各级政府部门的主导下纷纷设立了农村土地产权交易服务平台，虽然现行名称各异，但都将农户承包土地经营权作为这些交易服务平台的重要交易品种，并积极为交易双方提供各种便捷服务，倡导交易者通过平台进行农户承包土地经营权的流转，这就是前面所说的“场内交易”。那么，场内交易是有效的吗？

研究者发现，目前包括农户承包土地经营权等产权交易机构存在的问题主要包括交易不够活跃、交易规模偏小、抵押融资困难、抵押财产司法处置困难、中介服务不健全及存在政策法律约束等[68, 69]；叶兴庆等指出目前农村广泛存在的承包地流转主要通过无形市场进行，并发现林权有形交易市场出现交易量萎缩、交易机构效率低下、交易程序复杂、林农转出意愿低等诸多问题，并认为，遍地开花式地建设农村产权有形交易市场并无必要[70]。

上述发生的现实问题值得我们进一步地深入思考。从各主要交易服务平台针对农户承包土地经营权的实际交易情况看，即使在交易服务平台存在的情况下，许多交易者仍然会选择场外交易，场内交易并不太活跃。正如前面已谈过的，目前大多数农户承包土地经营权在进入实际交易程序前存在一个农地集中过程，导致交易者不得不选择场外交易。这是其中一个重要原因，但并不是唯一的原因。

建立农村土地产权交易服务平台的实质是希望构建一个有形的农户承包土地经营权的交易（或流转）市场，为农地供需双方提供一个方便快捷、能够实现集中交易的有形场所。其功能主要包括：一是信息传递，平台通过信息集中，为供给者和需求者提供农地供求信息，减少信息不对称；二是价格发现，通过市场竞争确定农地流转价格，以期农地资源流向能够实现最大效益的经营者手中，同时提高农户收入；三是规范交易，通过核实鉴证，统一交易合同，消除“暗箱操作”现象，降低农地流转的不确定性和机会主义行为；四是提供服务，为农地转入方提供抵押担保、协助贷款及农地再流转等服务。

然而，一个市场的有效形成及其功能的充分发挥是需要一定条件的，其中，最重要的条件是市场上必须具有足够数量的参与者，否则，市场的有效性就会大打折扣。针对农户承包土地经营权交易服务平台而言，农户承包土地经营权及其交易的特殊性阻碍了交易者的参与和市场的形成，导致场内交易难以有效发挥其市场配置功能。除农户承包土地流转需要进行先行集中外，其特殊性还表现在以下四个方面。

首先，农地资源的地缘性特征使得农地需求受到区域限制，难以开展有效竞争。新型农业经营主体作为农地的转入方对农地产生规模需求，对转入农地进行持续经营和长期投资时，不仅要考虑农地质量、价格、距离市场远近等客观的经济因素，而且不得不将能否与当地政府和周边居民建立（或具备）良好的信任关系作为重要的因素加以评估和考量。这就使得新型农业经营主体在选择和确定农地流转区域时，首先会考虑自己相对熟悉，具备或容易建立起良好信任关系的周边区域，而不愿意选择相对陌生的区域流转土地。这和其他一般商品的交易存在较大差异，导致某一特定区域规模农地的需求者相对固定，数量较少。农地资源地缘性的限制使得大多数农地规模需求者更愿意在周边熟悉的区域转入农地，难以开展有效的竞争。

其次，农户土地承包经营权受到产权不完整性的制约。家庭承包经营为基础、统分结合的双层经营体制在产权结构上表现为，各个农户家庭拥有农地承包经营权，而土地所有权属于村集体经济组织。虽然政策上明确村集体经济组织不得以任何名义干涉农户对其土地承包经营权的流转，但在实际运作中，以村委会为代表的村集体经济组织作为农村集体土地所有权的唯一代理人，以及村委会在农村社会和政治中独一无二的威权性，使得农地规模流转需要村民集体共同参与时，不得不依赖于村委会。村委会作为土地集体所有权的代理人的强力介入往往对农地规模流转起到决定性的主导作用。村委会与农户之间在农地流转目标上的差异导致他们不愿意到公开交易平台进行流转。

再次，农村土地产权交易服务平台目前提供的某些服务项目难以得到有效实施。例如，有学者指出，一旦农户无法按期偿还银行贷款，被抵押的土地经营权即从承包户转移至银行机构，为盘活被抵押的资产，银行必然将土地经营权在公开市场上转让给新型农业经营主体，在客观上会起到促进农地流转的作用[71]。然而，由于农业生产经营受自然条件和市场波动的影响较大，一旦发生，几乎所有农业经营主体都不可避免地受到影响，未来收益存在较大的不确定性，同时，农户承包土地经营权流转市场极其不完善和不成熟，土地经营权的再流转很难实现，银行抵押变现困难。因此，政府和农村土地交易服务平台虽然极力推动农户承包土地经营权的抵押贷款工作，但成效不大，难以获得银行合作，也难以受到作为农地规模需求的新型农业经营主体的青睐。

最后，农地规模经营的长期性特征也决定了农地流转市场规模的有限性。通常，新型农业经营主体开展农业规模经营是一个长期过程，往往通过一次性流转获得规模土地后，会持续开展较长期的土地经营，至少在这一时期不再产生土地的需求。同时，某一区域的农地供给是有限的，这也限制了一定时期内农地流转市场的总体规模，交易受到制约。

总体而言，农户承包土地经营权及其交易的特殊性决定了起码在短期内农户承包土地经营权的场内交易不会太活跃，农村土地交易服务平台的市场功能难以有效地发挥其潜在功能。也可以说，政府希望通过单纯依靠设立和完善农村土地产权交易服务平台以推动农户承包土地经营权的规模流转可能难以达到预期。因此，对目前的农村土地产权交易服务平台建设和发展提出以下建议：一是基于农地流转的地缘性特征和地域性限制，农村土地产权交易服务平台的建设不能追求高大上，可以在县一级行政区域内设立有形的或虚拟的交易服务平台，联系和辐射到各个乡镇及村，做到信息沟通和共享；二是明确交易服务平台的主要功能是提供信息集中、传递、沟通和协调，以及政策解读服务，而非注重交易过程；三是为交易者提供标准的合同文本，要求所有交易者都应该签订标准合同，并将达成交易的合同文本进行备案。

二、农地集中模式的选择

不管是政府推动型还是市场拉动型的农地集中模式各自均具有明显的优势，也存在有损于农地资源配置效率的缺陷。政府推动方式的主要缺陷是政府官员为追求政绩，往往过分强调行政威权和干预；而市场拉动方式的主要缺陷是土地承包经营权分属于数量众多的不同农户，过分依赖市场而达成统一的协议较困难。显然，过分强调行政威权和过分依赖市场都难以实现农户承包土地的有效集中。因此，在实际工作中，适当的农地集中模式应该是市场调节和政府适度干预的有机统一，即在不牺牲农户自由选择权的前提下，政府适当运用行政和经济干预手段助推土地承包农户的农地集中行为，从而提升农地流转效率。对此，本章提出以下建议。

（一）农地集中必须以存在新型农业经营主体对农地的有效需求为前提

只有以农业企业、家庭农场、农民专业合作社及专业大户等为代表的新型农业经营主体积极开展农业规模经营，才会形成对规模农地的有效需求。如果没有新型农业经营主体对规模农地的需求，就难以保证农地集中获得良好效益。所以，积极培育和发展新型农业经营主体是农地集中和规模流转的前提。

（二）农地集中要视本地社会经济发展状况，实施因地制宜策略

首先，要看本地农业产业发展状况。如果本地已经形成经济效益较高的农业主导产业，并且成为农户家庭的主要收入来源，那么，农户一般不会愿意转出土地。其次，要看本地劳动力转移状况。如果大多数青壮年农业劳动力外出务工，并且大多数农户

家庭的主要收入来源于非农业，那么，农户转出土地的意愿就会较强。最后，要看本地地形及其水利和道路等自然条件和基础设施。如果农地主要是处于丘陵或高山的梯田、坡地，农地集中难以带来更高的农业生产效率[①]，这种情况下的农地集中要谨慎，必须在对项目进行充分论证的基础上再实施。

（三）农地集中要在尊重每一个农户意愿的前提下，适当运用行政干预

由于不同的农户所拥有的农业生产的资源禀赋及其经营收益不同，因此，不同农户对农地流转价格的要求及其农地流转意愿也存在较大的差异。另外，对同一片地域内质量相似的农地集中和流转价格必须是相同的，不可能针对不同的农户制定不同价格。这就形成了实际流转中的一对矛盾，需要集体经济组织进行适当的干预和细致的引导。一是应该对已经处于撂荒或半撂荒状态的农地，而农户却又出于各种原因不愿流转的，要适当发挥农地集体所有权的作用，针对新型农业经营主体的相应需求，可以采取适当的强制流转措施；二是在大多数农户已就农地流转达成意愿的前提下，对于个别以农地收入为主要收入来源的农户可以承诺其流转土地后能够获得不低于其农地收入的收入水平，或者进行农地置换；三是通过组织农户对一些农地规模经营的先进地区参观访问，给农户算好经济账，加强引导和助推；四是健全和完善农户承包土地产权流转的法制工作，在农村地区充分开展法律和政策的教育和宣传，建立尊重法律和沟通良好的农户承包土地流转的进入和退出机制。

---

① 当然，并不是说丘陵和坡地就不能集中。许多地方通过引进农业企业进行农地集中，开展山区综合开发项目，也不乏成功案例。

（四）农地集中过程可以采取先易后难、步步推进的方式

目前，农户承包土地经营权流转引起严重纠纷的事件往往发生在一次性大规模的农地集中上。在现实中，农户承包土地的一次性大规模集中经常会依靠强烈的行政干预手段，从而引发农地流转纠纷。实际上，一方面，新型农业经营主体的规模经营面临的最大问题往往是资金不足，一次性完成农地大规模流转更容易导致资金的严重短缺，产生更大的风险和不确定性。因此，新型农业经营主体可以尝试在资金和经验积累的基础上逐渐扩大规模以降低风险。另一方面，可以通过对先期进行承包土地流转农户的收益及其流转农地经营效率的观察和示范，引导后续农户进行理性思考，从而合理斟酌是否参与农地流转，决定是否由较小规模集中向更大规模集中。

第六章

美国、德国、日本农地流转政策的比较和启示

“农业稳，则天下安。”农业任何时候都是一个国家最重要的基础产业，作为农业生产最主要的投入要素，土地资源的配置和利用与经济社会发展水平密切相关。纵观世界各国的农业发展历程，经济发达国家均重视对土地制度和政策做出良好安排，并努力顺应时代发展而及时进行调整。其中，土地流转是各国土地制度和政策安排的重要方面。虽然，各国对土地所有权主体及其所有权权能的界定和约束存在较大差异，导致土地流转方式及流转范围和深度有所不同，但是土地流转的目标是一致的，都是追求土地资源的优化配置。世界各国由于存在土地产权制度安排上的差异，土地流转通常表现为“买卖、租赁、抵押”等土地交易行为。无论何种土地所有权制度，土地流转的实质是土地合法拥有者将土地相关权利全部或局部转移至其他主体的过程[72]。

美国、德国和日本是世界上经济最为发达的国家，农业现代化水平也位居世界前列，由于所拥有的资源禀赋存在差异，其农业发展路径选择和土地制度安排也有所不同，各有特点。因此，本章在对美国、德国和日本的农地流转制度安排和演变进行梳理的基础上，加以比较和分析，以期获得一些有益于我国农户承包土地经营权流转的经验借鉴和启示。

第一节　美　　国

美国是一个人均土地资源极为丰富的国家，人均耕地面积达到 10 亩以上。从土地所有权制度看，美国一半以上的土地由私人所有，约占 60%，联邦政府所有的土地约占 30%，州及地方政府所有的土地约占 10%。其中，联邦政府和州政府所有的绝大部分土地是森林、草地和沼泽等，耕地基本由私人家庭农场占有。由此，形成了典型的以私人家庭农场经营为主要形式的农业土地产权制度。

美国农地制度及其政策安排建立在产权边界极为明晰，并能够得到切实保障的私有产权制度基础之上。美国建国后，通过一系列法令，在土地收归国有的基础上，把公有土地通过拍卖、出售或无偿赠予等方式界定给私人。例如，1862 年颁布的《宅地法》规定年满 21 周岁的公民或美国国籍持有者（没有以武力反对美国政府统治），均可以缴纳 10 美元获得西部一定数量的土地，不间断地实施 5 年农业经营活动后拥有土地的所有权[73]。可见，美国建国初期实行农地私有化的过程，同时也是形成美国农业以家庭农场为主体的经营格局的过程。

一、界定明晰的农地私人所有的产权制度为农地流转提供了良好的制度基础

政府通过建立完善的农地产权登记档案，对包括道路、土地所有权、面积、土地用途及交易记录等相关内容和信息进行全面完整的登记，确保信息公开透明。各种所有制形式之间的土地均可以通过买卖和租赁等有偿方式获得土地的相关权能，有力地促

进了农地的高效流转和利用。美国农地流转可以从家庭农场数量和家庭农场平均经营规模的变化看出端倪。近100年来，美国家庭农场规模不断扩大。1920年，家庭农场的平均规模为147亩，到1950年，家庭农场的平均土地经营面积达到1 290亩；到2016年底，家庭农场平均经营面积进一步上升到2 680亩，家庭农场经营土地总面积达55.3亿亩，同时，家庭农场数量不断减少。据美国农业部统计，美国家庭农场数量在20世纪30年代达到最高点，以后一直保持下降态势。家庭农场数量从1935年的681.4万个下降到1990年215万个，到2016年，进一步下降为206万个[74]。

伴随着家庭农场数量减少和经营规模扩大的是土地的大规模流转和家庭农场所经营土地产权结构的变化。在1964年，美国家庭农场主经营自有土地的比例达到历史最高点，约占农场用地总量的2/3。此后，经营自有土地的家庭农场数量逐渐减少，同时，自己拥有一部分土地并租赁一部分土地的租地型家庭农场数量越来越多，所占农场总数量的比例从1935年的25%提高到了2012年的54%。美国虽然是农地私有产权制度安排，允许土地自由买卖，但从现实看，家庭农场对土地的流转更多采取租赁方式，而非所有权的买卖。其中主要的原因是土地所有权买卖价格偏高，税负较重，而土地租赁的相关费用相对较低。

二、农地的私人所有权及其处置权受到政府的约束和限制

虽然美国农村土地基本是由家庭农场私人占有，家庭农场在充分享有土地转让、租赁、抵押、继承等完全不受干扰和侵犯的权利基础上，农地的私人所有权要受到政府一定程度的约束和限制。

通常，联邦政府和州政府对土地保有三项权利：一是土地征用权，只要政府是用于公共目的的征地项目，并且政府用适合的市场价格给予原土地所有者补偿，土地征用不可抗拒；二是土地管理的规划权，土地的开发利用必须符合政府的土地使用规划；三是政府必须征收足额的土地税[75]。当然，法律同时规定，政府对土地的规划和管理必须充分考虑土地所有者和公众的意愿。

可见，土地作为一种具有较大外部性的生产要素，即使是在美国这样典型的土地私有制国家，所有者决策和行为也要受到相对制约，以保障大多数人的利益。因此，美国农地的私人所有权并不是绝对的，而是一种能够充分保障土地所有者对土地使用权、收益权、处分权、转让权和抵押权等相关权益的相对产权制度安排。

第二节 德　　国

德国农业用地面积约为 1 900 万公顷①，人均耕地面积约为 2 亩，是欧盟农产品生产和出口大国之一，各种农产品均具有较强的市场竞争力。德国是以土地私有制为主导的国家，大约 80%的土地所有权归私人所有。德国宪法明确规定了对包括私人所有的土地所有权在内的私有财产的保护。联邦德国和民主德国统一后，政府对原民主德国的公有农地实行私有化改造，建立了统一的农地私有产权制度。

第二次世界大战后，伴随着工业化和城镇化发展进程，德国农业就业人口呈不断下降趋势。目前，德国的农业就业人口

① 1 公顷 =15 亩 =10 000 平方米。

不足其总人口数量的2%。德国政府通过一系列法律和经济手段促进了农地由分散经营向集中规模经营的转变。德国农地产权流转的显著特征是政府法律和规划先行，并利用行政强制和经济激励措施确保土地向规模集中经营转变。德国农地制度变革的核心是限制农地所有权人对农地使用权人的干预，切实保障实际农业经营者的权利，并对农地使用权的权能边界进行清晰界定[76]。

一、规范土地交易与管理

联邦德国于1955年颁布的《农业法》明确规定，土地所有者充分享有对其所有土地的占有、使用、收益、处分等权利，土地可以自由出售、出租、抵押、转让等，农场之间可以通过土地出让或租赁等形式相互兼并重组。一般情况下，德国土地产权交易的主要形式包括出售、出租和抵押三种。交易程序通常包括三个阶段：①洽谈——初步确定交易对象并对交易价格进行洽谈；②公证——对拟写交易合同审查、公证，并登记注册及缴纳税费；③登记——签订转让证书、申请变更登记及后续审查工作等[77]。

同时，政府对土地进行严格的地籍登记和规范的权属管理制度，并且规定，只有登记在册的土地所有者才受法律承认和保护。在农地整理过程中，德国特别重视权属管理，即利用农地分类方法和地籍管理系统，对农地进行估价、权属调整和验收登记[78]。其权属管理程序如下：①立项决策——由土地整理局明确农地权属现状并对地块进行估值；②权属调整——权属变更产生新的农地产权所有者，形成新的权利义务关系；③权属登记——对新的土地产权状态及时变更登记，将变更材料提交地籍局并记入档案。

二、加强农地整理和集中

联邦德国政府1954年颁布实施了《土地整理法》，并在1976年对该法进一步加以修订，旨在解决第二次世界大战后农地经营分散和地块细碎的问题，推进土地集中连片，有利于实施机械化作业。土地整理是在当地政府指导下，由参加土地整理的土地所有者共同组成的参加者联合会具体承担土地整理工作，主要是对不同所有者的零星、细碎、分散的农地进行互换、重新登记，通过平整改造为连片的地块。土地整理的具体做法是，土地整理规划中所有涉及的土地所有者都要加入“参与者共同体”，将自己的土地交给“共同体”重新分配，从而对涉及的土地进行集中调整和重新登记。政府主管部门虽然有权依法强制推行必要的土地整理措施，但在土地整理过程中严格遵循“补偿原则”——对于纳入土地整理规划中的任何一块土地的所有者都可以得到一份与原有价值相当的土地，但若某个土地所有者同意放弃土地补偿，则可以代之以货币补偿。

三、采取经济激励措施推动农地所有者的长期流转行为

政府采取各种经济激励手段鼓励农地所有者通过各种方式流转土地，以推动实现农地适度规模经营，采取的主要措施包括以下三个方面。

一是政府财政补贴和信贷政策向较大规模农场倾斜。政府于1969年颁布了《市场结构法》，规定加入“生产者共同体”的只能是10公顷以上的大农场。在履行合同的条件下，国家在前三年向“生产者共同体”提供一定的财政补助，并给予20%的投资补贴。在信贷方面实施差别利率政策，规定只有占地10公顷

以上的农场可以获得年息3%～7%的中长期低息贷款，占地10公顷以下的农场只能获得年息8%～12%的短期贷款。1970年又进一步明确规定，对生产和收入基础薄弱的经营者，不予新的投资刺激和帮助，而要采取促进他们脱离农业的社会政策措施[79]。

二是鼓励土地所有者的长期租赁行为。为此，政府设立了“土地出租奖励”政策，对出租期限达到12%～18年的长期土地出租，每出租1公顷土地，土地所有者可获得500马克政府奖金[80]。

三是政府设立“改行奖金”和“提前退休奖金”等专项基金，鼓励小规模农户和接近退休年龄的农民退出农业生产[81]。据统计，土地所有者领取改行奖金而退出的土地面积达到37.3万公顷，约占当时联邦德国农地总面积的3%。

四、加强对农地非农化和细碎化的防范

政府运用法律和强制手段保障农地农用和阻止农地细碎化的发生。1900年德国颁布的《民法典》规定，德国所有的土地都必须实行地籍登记，土地登记簿上所记载的内容的正确性应视为得到公认，进行土地交易时，当事人双方应当同时到主管登记处表示协议的达成。1961年颁布实施的《土地交易法》明确规定，出让农地所有权必须经过地方农业局许可，对土地细碎化经营、出让价格严重背离实际价值、农地非农化等行为不得批准出让。为防止改变农地用途，保障租赁双方的合法权益，1986年，联邦德国政府颁布实施了《农地用益租赁交易法》，规定农地租赁实行合同备案制度，地租要符合国家规定，土地承租人不允许随意改变农地用途或转租，并由农业部门对土地出租合同执行情况进行定期检查。如果承租人两个季度未付租金，或者未经批准转租、改变用途，则要求当事双方解除合同[82]。在农户升

级政策中，政府通过强制措施将部分农户细碎经营的土地卖给地段邻近的农户，同时，政府对购地“升级”的农户发放低息贷款以帮助其实现交易。

通过上述鼓励和规范土地流转的措施，德国农业完成了由土地分散经营向土地规模经营的转变。家庭农场是德国最主要的农业经营主体，家庭农场经营的农地一半以上来源于土地租赁。第二次世界大战结束以后，德国家庭农场的数量在不断减少，但经营规模越来越大。据统计，1949 年，联邦德国总计有 165 万个家庭农场，户均拥有的农地规模仅为 8.06 公顷；到 1995 年，家庭农场数量减少为 52.3 万个，户均经营农地规模达到 28.1 公顷；2007 年，家庭农场数量下降为 32.8 万个；到 2013 年，家庭农场数量进一步下降为 28.5 万个。2010 年，德国家庭农场平均拥有的农地面积达到了 56 公顷，比 1995 年增长了近 1 倍。德国的家庭农场绝大部分为经营规模在 100 公顷以下的中小规模农场，其中，72%的经营组织拥有的农地面积少于 50 公顷。近年来，德国规模家庭农场逐渐出现分化趋势，小规模家庭农场数量持续减少，大规模家庭农场数量有所上升，但中小型家庭农场仍然是农业经营的主流[78]。

第三节　日　　本

日本是一个人多地少的岛屿国家，土地资源宝贵，国土总面积为 37.79 万平方千米，其中耕地总面积为 461 万公顷，人均耕地面积仅为 0.45 亩。现行的日本土地产权制度是国家、公共团体和个人所有并存的一种土地所有制度。其中，国家和公共团体拥有的土地约占 37.1%，其中大部分是林地、河川、海滨、原野等非生产用地，而个人或法人拥有的土地约占62.9%，主要是农地和建筑用地[8]。

现代日本的农地产权制度是在第二次世界大战结束后强制废除封建地主土地所有制的基础上形成的。由于当时超过50%的耕地被少数地主所有和控制，农民没有自己的土地并需要缴纳高额的地租，因此，日本面临严重的土地和粮食问题。1946年，日本国会通过《自耕农创设特别措施法》和《农地调整法》的修改，通过强制措施收买地主在限度之外的土地，并将其分配给无地、少地的佃农，地主制度解体，创立自耕农制度，实行了“耕者有其田”的农地小规模家庭所有的农民土地所有制。经过农村土地改革，自耕农自有耕地占农用土地的比例从1945年的54%增长至1950年的90%，自耕农数量增加近200万户。1952年颁布的《农地法》从法律角度永久性地赋予了自耕农土地所有权[83]。政府对农户拥有土地的最高面积及对土地出租和买卖等的限制政策，确立了日本农村自耕农或自耕家庭的经营主体地位，也形成了第二次世界大战后日本农村小而散的农业经营格局。

总体而言，基于农地所特有的自然属性和经济社会属性及农地流转具有较强的外部性等特征的考量，日本的农地流转制度在尊重农地私有产权和自由流转的基础上，强调政府在农地流转中的引导和监督控制作用，坚持对农地流转行为采取较严格的管制措施。纵观日本农地流转制度和政策的变迁，其主要表现出以下四个特征。

一、农地流转和管理行为严格遵循法制化轨道

日本农地流转政策的调整始终坚持以法律为准绳，通过《农地法》等相关法律对农地流转行为进行管控、规范和引导，并通

过不断修订相关法律条款以适应时代和社会经济的发展要求。《农地法》规定了农业经营主体取得农地的资格及其对农地的所有权及利益的关系，是日本关于农地制度的最重要的法律基础[84]。《农地法》自1952年颁布实施以来，随着社会经济发展和政府农地管理目标的变迁，迄今为止，历经1962年、1970年、1980年、1993年、2000年和2009年先后6次修订，以适应土地经营规模的需要和经济社会的发展要求。同时，颁布实施了《国土利用计划法》、《农业振兴法》、《土地改良法》和《农业经营基础强化促进法》等农业法律法规，从制度上给予农地流转和规模经营以法律保障和规范[85]。

1952年颁布实施的《农地法》对农地买卖做了严格的限制，并把农户土地规模严格地限定在3公顷之内，其目的是为了从法律上确立了农民土地所有制的地位，维护农地改革成果，防止农地重新流入和集中在地主手中，以满足广大农民对土地的要求和适应当时国内社会经济的发展形势。

进入20世纪60年代，随着日本经济第二次世界大战后复苏和高速发展，城市化进程加快，日本农业从业人员急剧减少，农民兼业化现象突出。日本政府开始逐渐放宽对农村土地的占有和流转的限制。1962年，日本政府对《农地法》进行第一次修订，取消了对农户租赁或买卖土地的限制，赋予了农民对自有土地的处分权，将原来法律规定的限制土地流转改为允许农户在法律规定的框架内自由地出租或出售土地，鼓励农地向“中心农户”转移和集中。虽然农民享有的土地所有权可以通过租借和买卖进行土地的流转，但以期通过农地所有权转移实现农地集中和规模经营的成效颇不显著，没有达到预期效果。从20世纪70年代开始，日本的农地制度改革重点开始以农地使用权流转为核心内容，鼓励农地所有权和使用权“两权”分离，倡导以流转农户土地使用权为主要方式的规模经营[86]。可见，日本农地流转制度经历了由限制农地买卖到允许农地转让，再到鼓励和引导农地流转的过程，这一切均是在明晰的法律框架下进行的。

二、构建严格规范的农地交易管理制度

日本农地资源严重稀缺，为保障优质农地资源不被挪作他用，日本法律虽然允许土地所有者依法实施自由买卖、出租、抵押、继承和赠予等流转行为，但同时对农地流转行为制定了一系列具体详细的管控制度和政策，主要包括土地交易许可制，申报劝告制，事前确认制及地价公示制、租金监管和农地流转主体的入场资格和经营权限管控等制度，以管理和规范土地交易，避免农地使用的非农化。

（一）建立土地交易申请审查制度

规定土地交易双方正式签订交易合同前，须向地方政府提出申请，政府将从土地交易价格和土地使用目的两个方面予以审查，以控制地价水平和土地用途为目的[87]；规定私有土地买卖、租佃和交换必须到法务省的不动产登记所登记，以获得法律的承认与保护。所有未经同意私自流转农地的行为均属违法行为，私自签订的流转合同不具有法律效力。

（二）构建对农地租金实施标准地租管制制度

由各地区农业委员会综合考量农地自然条件与耕作条件后，将分属不同区域的农地分级定等，分区域确定农地地租标准额，并将确定的地租标准额告知当地政府。如果发现在农地流转中，租赁双方在合同中规定的租金明显高出确定的地租标准额，政府可劝告合同当事人按照标准地租确定租金水平。

（三）构建对农地流转主体的入场资格和经营权限的管控制度

法律规定，只有自然人和农业生产法人才可以获得完整的农地所有权，而非农生产法人等其他经济主体仅可以获得或拥有农地使用权，并且不允许其进行农地买卖，而且规定，只有符合资金来源规定的农业生产法人才可以参与农地买卖。农业委员会能够通过农业生产法人的身份确认和资格认定间接干预和管理农地流转过程。农业生产法人需要每年向所在地的农业委员会报告其事业实施情况，农业委员会根据报告审核其是否符合农业法人的规定条件，若不再符合资质条件，则该法人不能继续进行土地流转和农地经营，而且已拥有的农地所有权和使用权将由国家收购[88]。

三、确立农地保有合理化促进事业，为农地流转提供良好的中介服务

由于第二次世界大战后日本农地被均匀地分配给各个农户所有并经营，因此，欲实现农地集中和规模经营可能产生巨大的交易成本。为此，政府扶持建立“农地保有合理化法人”作为农地流转的中介组织。1970 年第二次修订的《农地法》规定，符合条件的非营利性法人可以成为“农地保有合理化法人”。通常，农地保有合理化法人主要由都道府县和市町村公社、区域性综合农业协会、市町村自治组织等三类组织构成。可见，以上组织并不是为农地流转而专门新成立的机构。帮助和参与农地流转只是这些地方自治或合作组织提供的众多服务中的一项工作内容。作为联结农地交易双方的纽带，农地保有合理化法人主要具有以下功能：为交易双方提供土地交易信息；帮助确认和评估土地信息、换地、发放流转补贴等；根据农地流转双方的需求进行目标匹配。

日本政府对通过农地保有合理化法人的农地流转的农户及农

地承租者采取积极的扶持和激励政策，其目的是有效帮助和促进农户土地的集中流转。

首先，在国库补助金支持下，通过农地保有合理化法人进行农地流转的农户，先由农地保有合理化法人出面租地，并预先向出租土地的农户一次性支付10年期土地租金，而承租人则仍可按协议分期、分次支付租金。这样，在满足农地出租者一次性获取农地租赁金的同时，降低了农地承租人的土地流转成本，从而能够为农地流转双方提供资金融通的便利。

其次，农地保有合理化法人作为中介机构获得农地所有权或农地使用权时，无须像其他法人或非农户自然人那样必须向政府许可审批，而可以直接流转。

再次，在国库资金支持下，日本政府设立农民年金制度，作为对农民年金的补充。农民年金基金组织通过介入经营农民年金事业、支付离农金、收购与转让农地、租入与出租农地、贷放购买农地的资金、设置并经营福利设施等业务，促进老龄农户放弃农地经营权，推动农地的集中流转[89]。

最后，通过农地保有合理化法人进行土地流转，还可享受税收减免、财政补贴和租金提前支付等优惠政策。

四、引导和鼓励农地向适度集中经营转变

日本政府关于农地流转政策的调整趋势是在逐渐放开流转的基础上向引导和鼓励农地适度集中经营转变。1952年《农地法》规定，农地仅可由“经营农地并从事农业劳动”的自耕农或其家庭所有，农业法人或其他组织拥有土地是非法行为。1970年修订的《农地法》将农地改革的目标从过去强调农户自耕为主转为强调农地使用权流动和提高土地利用效率[90]，并取消了农地流转面积的上限限制。以后的《农地法》修正案逐渐扩展为可以拥

有农地所有权或使用权的个人或组织的范围，不仅自耕农可以转入土地，农业生产法人和农事合作社法人，以及满足一定条件的非农业生产法人也可以转入农地。并且，逐步扩大农业生产法人的外延，以有效增加可以参与农地流转的经济主体数量。例如，2000 年修订的《农地法》将农业生产法人的范畴扩展到包括农事组合法人、股份公司、两合公司和有限公司。2009 年《农地法》修正案进一步明确，非农业法人只要满足以下条件就可租赁农地。①所有租赁农地必须被有效利用；②公司一名或多名经营人员必须全职投入农业生产；③农地租用合同中必须表明，如无法在租用土地上进行农业生产，则租地合同自动解除。

同时，随着社会经济和农业生产力的发展，政府逐渐调整对农地经营规模的限制，鼓励农地集中经营。2011 年，日本食品和农林渔业促进委员会的中期报告指出，“为追求农地规模经营，平原地区每个农地经营主体的规模应在 20 ～ 30 公顷，山区每个农地经营主体的规模应在 10 ～ 20 公顷”。为限制农地被出租或售卖给小规模经营主体，而促进农地向大型、专业的农业企业和其他经营组织流转，从而实现农地规模经营，2013 年，日本《农林渔业和农村地区复兴计划》提出建立具有政府机构性质的农地中介管理组织——农地合并银行，以替代原来的农地保有合理化法人，引导农民将农地出租给农地合并银行，再由农地合并银行对租赁的土地进行集中连片整理和基础设施建设，然后进行转租或转卖给农业经营主体，但其实施效果仍有待检验[88]。

第四节　比较与启示

美国、德国和日本均是实行农地产权私人所有制的典型国家，土地所有权主体界定明确，对所有权各项权能划分合理清晰，保证了农地流转市场的正常发展，促进了农地规模经营。因此，虽然各个国家的基本国情和农地资源禀赋具有较大的差异，但是，其各自在农业现代化进程中，就如何通过农地资源的有效配置和有序流转，促进和加强农地的利用效率仍然存在显著的共同点和规律可循，许多做法值得借鉴和参考。

一、重视对农地资源的用途保护

农业是国民经济的基础，农地资源利用具有较强的外部性特征。虽然农地产权私人所有，但各个国家的土地私人所有权均不是绝对的和不受约束的。通常，不同的国家对土地私人所有权进行限制的程度有所差异，但是，各国政府对农地资源的用途都进行严格的管制，以保证农地农用，符合大多数人的利益。例如，美国通过政府拥有的对土地规划的管理权，限制和禁止对优质农村土地的非农开发；德国通过法律禁止农地的非农化出让；日本通过建立土地交易许可制度和农业生产法人的身份确认制度加强农地保护，抑制非农化倾向。

二、农地流转以追求农地集中经营为宗旨

实质上，对于美国而言，其单个家庭农场规模一般较大，但由于农业劳动力的减少，家庭农场经营规模也一直存在上升趋势；而对于德国和日本而言，农地经营的分散性和细碎化一直是困扰其农业发展的重要障碍。在实践中，为实现农地集中，各国采取各种经济激励和行政强制等措施。例如，德国强制推行的土地整理政策；日本实施的先由农地保有合理化法人收购或租赁零散农地、相对集中后再出租政策；同时，基于农户对农地保障功

能的考量，两国政府采取财政资金补贴小农户、兼业农户，以及老龄农户，以使他们退出农地经营的同时，生活仍能获得足够的保障。

三、农地集中和规模经营以农地租赁为主

不管是人均农地资源丰富的美国，还是人均农地资源相对贫乏的德国和日本，其农地流转形式更多的是以租赁为主，而农地所有权买卖的现象较少。这不是政府作用和引导的结果，而是可能由于农地所有权买卖价格过高，或者农户不愿意放弃农地所有权等原因，农地所有者和需求者之间进行自愿选择的结果。从上述国家的农地流转看，只要政府能够对承租者的农地使用权采取切实有效的保护，农地使用权流转同样不会损害资源配置效率。

四、家庭农场是最基本的农业经营主体

从目前各国农地经营和流转看，家庭农场始终是最重要的农业经营主体和最基本的农业生产单位。可以发现，在农业现代化过程中，这些国家的家庭农场的数量在逐步减少，而家庭农场的土地平均经营规模在逐渐增大。这充分说明，相对于其他经营主体，家庭农场具有较高的效率和强大的生命力。为促进家庭农场的发展和规模经营，政府通常会对家庭农场的流转土地行为进行租金补贴或其他租金控制政策。

五、重视农村土地产权登记档案建设

美国、德国、日本三国非常重视农村土地的登记工作，严格要求将土地产权信息、流转变更信息、土地面积及边界、土地用

途等信息由政府相关部门登记造册，程序简洁，信息公开透明。如日本规定私有土地买卖、租佃和交换必须到法务省的不动产登记所登记，才能获得法律的承认与保护，所有未经同意私自流转农地的行为均属违法行为，私自签订的流转合同不具有法律效力。德国也同样要求对土地进行严格的地籍登记、申请变更登记和权属管理，法律明确规定，只有登记在册的土地所有者的土地产权才能够受到法律的承认和保护，农地的转让和租赁必须经政府主管部门批准，否则，视为违法行为。

六、重视对现代农业经营主体的培育

随着城镇化和工业化的发展，美国、德国和日本都面临农业劳动力短缺和老龄化问题，“谁来种地”和“如何种地”问题也困扰着这些国家的政府部门。为此，这些国家分别制定相关制度和政策加强对农业经营主体的培育和支持。

举例说明，日本 1993 年颁布的《农业经营基础强化促进法》明确提出“培养合意的农业经营者”，主要包括两个方面：①制定“认定农业生产者”制度，“认定农业生产者”的标准和选拔制度由政府制定，旨在选拔能够提高农业生产效率和规模经营的农业人才，获得该资格的农业生产者，将获得政府给予的优惠政策；②制订新一代农民培训计划，主要培训从事农业的文化素质高的年轻人和大学生，并给予优厚的待遇[91]。德国建立了严格的农业职业准入制度，若想从事农业职业，则须完成相应的职业教育或大学教育并获得国家颁发的从业资格证书，并通过专业的农业职业教育与培训体系培育农业从业人员，每年接受农业职业培训的农业从业人员达到 3 万余人[78, 81]。而美国在农业法案中提出多项措施，如建立新农民网站，安排资金针对新农民和农场主教育、培训、推广及指导服务，以提高新农民和农场主的生产技能、经营管理能力和市场风险控制能力，并加大对赠地大学涉农专业的资助力度，提高新农民的受教育水平，对有意愿从事农业的非农人员和退伍军人开展系统培训等。可见，面对农业劳动力老龄化问题，如何留住年轻农业劳动力和吸引农业外的新鲜血液进入农业领域，是这些国家政府培育现代农业经营主体的关键所在。

综上所述，农地作为农业生产的最重要的一种生产要素，为保证其资源配置效率，在流转过程中，必须在尊重和有效保护农地所有者对农地所有权和收益权的基础上，积极利用法律、行政强制、中介组织建设以及财政扶持和调节等工具，发挥政府的规范和引导作用，对其使用权和处置权进行适度限制和干预。

第七章 主要结论与建议

进入21世纪，中国工业化、信息化、城镇化和农业现代化的迅猛发展，不可避免地导致农村经济和社会结构发生前所未有的巨变，农村人口减少和农业劳动力转移无疑是这场巨变的最显著特征。这为促使农户承包土地的产权流转成为必然的发展趋势，为传统农业向现代农业转型发展创造了土地适度规模经营的条件。家庭农场、专业大户、农村土地股份合作社和农业企业等构成的新型农业经营组织体系逐渐形成和发展，亦为农户承包土地产权的规模流转提供了有效需求的基础。迄今，全国农户家庭承包耕地流转面积已超过家庭承包耕地总面积的1/3。

根据对农户承包土地产权流转的考察和研究，本书得出的主要结论如下所示。

第一，农户承包土地产权的零星流转和规模流转的机制，不管是流转方式、流转期限、流转途径还是流转价格，以及流转的规范性方面均存在显著差异。一般情况下，农户承包土地产权流转主要表现为“土地经营权”的转移，而非“土地承包经营权”的转移，尤其是对于规模流转而言更是如此。农户承包土地产权的零星流转价格更多受到乡村习俗和人情关系的影响，而规模流转价格主要由市场供求关系决定，但可能受到政府或村委会行政威权的影响，并且，规模流转价格会对零星流转价格的形成起到示范和引导作用。

第二，村委会干部具有成为农户承包土地产权规模流转中介人的信息和威权优势，但规模流转呈现的二阶段特征有可能导致村干部在农地流转过程中的寻租和腐败行为的发生。现行的村民自治制度由于难以消除昔日行政威权的痕迹，而伴之以农村“空心化”现象，监督流于形式，村干部寻租行为难以避免。

第三，规模流转的成功与否主要取决于分散经营的承包土地能否有效集中。先行实现集中连片是农户承包土地产权规模流转的关键环节，也是影响农户承包土地产权规模流转的交易成本大小、流转效率及选择“场内交易”和“场外交易”途径的主要因素。

第四，政府主导建立的旨在降低交易成本、引导和规范流转、提高流转效率的农村承包土地产权流转交易服务机构（包括交易所、交易中心等），由于农户承包土地产权规模流转的特殊性，“场内交易”的有效性大打折扣，交易难以活跃。因此，农户承包土地产权规模流转可能仍将以“场外交易”为主，但场外交易需要管理规范和有效的中介组织的介入与引导。

第五，新型农业经营主体是农户承包土地经营权规模流转的主要转入方。因此，加大力度培育和发展以家庭农场为主的新型农业经营组织体系是促进农户承包土地经营权流转市场发展的重要举措。而且，就目前来看，新型农业经营主体的培育应该以家庭农场为主，农民专业合作社应该是将来家庭农场和专业大户等经营主体的自愿联合。

党的十九大报告明确提出“实施乡村振兴战略”。一是坚持农业农村优先发展、完善农业支持保护制度、健全城乡融合发展体制机制、发展多种形式适度规模经营，以及促进农村第一、二、三产业融合发展等政策安排，有利于引导和鼓励资金、人才和技术等各种要素向农村和农业集聚，为农业、农村、农民问题的解决和农业现代化发展带来更多的资源，注入新的活力。二是巩固和完善农村基本经营制度，深化农村土地制度改革，完善承包地“三权”分置制度，以及第二轮土地承包到期后再延长30年的关于农户承包土地的产权制度安排，在对农户承包土地确权的基础上，延长和明确承包期限，有助于提升土地承包权人和经营权人的信心和预期，增强农户承包土地流转的长期性和稳定性。这些举措将进一步为农户承包土地经营权的规模流转提供良好的制度和政策环境。可以预期，在未来一段时间内，农户承包土地经营权的规模流转将进入更加活跃的时期。

然而，迄今为止，我国农户承包土地产权流转市场仍然存在不完善、不规范、不活跃和效率低的问题。以往经验证明，农户承包土地产权规模流转既不能单纯依靠政府以行政手段加以推动，也不能单纯由市场进行配置，二者均容易导致农户承包土地产权规模流转的低效率问题。

因此，总体来讲，应该建立以市场供求为导向，以法律为准绳，由政府引导和协调，切实尊重农户和新型农业经营主体自愿选择的农户承包土地产权流转机制。培育和建立成熟完善的农户承包土地产权流转市场是一项长期而复杂的工作，除了要加大新型农业经营组织体系建设力度，增加有效需求外，还离不开法律制度和政府政策的科学合理地引导、规范和管理，这就需要政府行为做到有为而有效。为此，本书针对我国农户承包土地产权的规模流转问题，提出以下具体的对策和建议。

1. 加强和完善农户承包土地的产权登记工作

以目前全国各地业已开展和完成的农村承包土地确权、登记和颁证工作为基础，严格落实农户承包土地产权的登记工作。首先，以乡镇为单位，整合相关农业和土地资源管理部门，建立农村土地综合管理和服务中心，专门负责农村土地的产权登记、档案管理和土地利用管理等工作，打造一个农村土地产权流转综合信息的集散地。中心应为辖区内每一块土地建立包括土地产权信息、流转变更信息、土地面积及四至边界、土地用途等信息的清楚明确的详细档案，并由集体经济组织负责人、土地承包权人和土地经营权人分别签字确认。

2. 对农户承包土地的利用状况进行严格检查、监督和管理

建立片区负责人和村集体经济组织代表的联合巡查制度，检查监督农户承包土地的利用状况，及时将结果反馈给乡镇农村土地综合管理和服务中心，并使巡查制度常态化。加紧制定出台相关法律法规，严禁耕地撂荒和半撂荒，以及私自改变农地用途的现象发生。可以规定，对发生上述现象者，由村集体经济组织协调或强制流转；情节严重者，可以充分发挥农村土地集体所有权的功能，强制收回农户的土地承包经营权。若农户自己无力经营所承包的土地而又存在流转困难，须向村集体经济组织和乡镇农村土地综合管理和服务中心及时汇报，由其协调和帮助流转，或做出相应处置。

3. 严格农户承包土地产权流转的备案工作

规定一切农户承包土地产权的流转和产权变更，必须及时到乡镇农村土地综合管理和服务中心进行变更登记和档案造册，由集体经济组织负责人、土地承包权人、原有土地经营权人和现有土地经营权人分别签字确认，并将一份土地流转合同交存备案。

4. 建立农村土地流转价格评估和价格浮动机制

农地流转价格是影响农户承包土地经营权流转规模和效率的主要因素。它一方面是农地转出农户家庭收入来源的重要构成部分，另一方面又是农地转入者的生产成本的重要组成部分。农户承包土地产权流转既要保障农户利益，又要保证新型农业经营主

体获得一定的利润。价格过低则影响农户的收入水平，价格过高则损害经营者的利益，从而对农地供求产生抑制作用，不利于农地持续经营。

通常，农地利用水平和农产品价格的差异造成农地流转价格的不同。大企业和工商资本的介入往往由于其强大的资本势力和高额利润的获取能力会抬升农地流转价格。因此，一是在对农地用途严格监管的基础上，针对不同区域的农地的流转价格进行科学评估，并将评估价格作为实际流转价格的参照标准；二是建立农地流转价格浮动机制，由于农产品价格波动及农业生产经营容易受自然灾害的影响，建议流转双方在合同中约定，可以根据当地主要农产品价格波动情况和自然灾害状况合理调低或调高农地流转价格，使得农业生产和经营保持持续稳定。

5.重视农户承包土地产权规模流转的中介组织建设

实践证明，良好的中介组织架构能够有效降低农户承包土地产权规模流转的交易成本，提升农地流转效率，尤其是，农户承包土地的集中连片离不开中介组织的良好运作。中介组织对农户是否转入农地决策和转入程度有显著的正向影响，但要防止村集体强制推动农地流转[92]。良好有效的中介组织起码应该具备以下四个条件：掌握完备信息，具有较高的权威和信任度，具备较强的沟通协调能力，以及能够相互监督和制衡。据此，可以培育和建立由乡镇农村土地综合管理和服务中心为主导，由片区负责人和村民代表（或村民议事会成员）共同参与的农户承包土地产权流转的中介组织；明确乡镇农村土地综合管理和服务中心作为辖区内农户承包土地产权流转交易的唯一的信息交流和发布机构，中心根据各个行政村的农户承包土地的相关信息，片区负责人协同对其土地供求做出初步评估，若评估发现土地承包农户具有相应的流转意向，应向社会发布和提供土地供给信息；或者也可以应土地需求者的要求，对辖区内各村的农户承包土地供给进行评估，并根据农地流转双方的供需要求进行目标匹配。流转双方达成初步流转意向后，乡镇农村土地综合管理和服务中心、片区负责人和村民代表（或村民议事会成员）共同与土地承包农户沟通协调，进行土地集中连片和整理，最终帮助完成土地流转。

6. 积极采取鼓励农户承包土地经营权规模流转的经济激励措施

农户承包土地经营权的规模流转和经营是发展现代农业和推进农业供给侧结构性改革的基础，是一个国家在逐步实现现代化进程中农地经营的发展方向。纵观各国农地规模流转实践，农户承包土地经营权的规模流转离不开政府强有力的财政支持。首先，要充分提高农地规模经营效率，必须在土地集中的基础上，将分割成块的非成片土地进行整理，土地整理实际上是增加了国土有效利用面积，因此，对土地整理工作进行充分的财政补贴，也将有效促进新型农业经营主体开展土地流转和规模经营的积极性。其次，对志愿参与土地集中和规模流转的土地承包农户给予一定的奖励，以鼓励农户的规模流转行为。最后，对拥有土地承包权的老龄农民参与规模流转行为加大补贴力度。可以规定，针对年龄已满 65 周岁的土地承包农民全部放弃承包土地经营权的行为，除能够获得土地经营权转让费外，政府另行进行补贴，使其年土地经营权转让费外加政府补贴的水平不低于当地的农村居民最低生活保障标准。

7. 加强农村法制教育和政策宣传工作

长期以来，政府对农村法制教育和政策宣传工作存在严重欠缺，而一些村干部出于这样或那样的目的也缺乏开展该工作的积极性。调查发现，在广大农村，大多数农民对与农户承包土地相关的产权制度安排、法律法规及政府的政策等了解甚少。举例说明，对于当前正在开展的农户承包土地所有权、承包权和经营权“三权”分置，以及确权、登记、颁证工作，许多农民不清楚承包土地的所有权、承包权和经营权分别归谁所有，更不清楚这些权利应该如何利用或流转。有的认为承包土地的所有权人是自己，有的认为是国家，有的认为是集体，回答五花八门，尤其对于老年农民，即使是参与了农地流转，也不明白流转的是什么权利。毋庸置疑，这种状况会为农户承包土地产权流转频繁发生的纠纷问题埋下隐患。因此，有必要加大力度，采取各种途径，如普法宣传栏，各种形式的宣讲团、政策咨询等，深入农村针对与农民切身利益相关的法律法规和政策问题进行教育和宣传，让广大群众了解农户承包土地产权的各项权能结构及相关流转政策，以充分树立农户对法律和契约精神的敬畏意识，消除农户心中的疑虑，更好地促进农户承包土地产权的流转。

参考文献

[1]张鸣鸣．新型农业经营体系和农业现代化——“新型农业经营体系和农业现代化研讨会暨第九届全国农经网络大会”综述［J］．中国农村经济，2013，(12)：84-88.

[2]Ma X，Heerink N，Feng S，et al. Farmland tenure in China：comparing legal，actual and perceived security［J］. Land Use Policy，2015，(42)：293-306.

[3]李文学．夯实城乡一体化发展的农业基础［J］．农村工作通讯，2016，(1)：39-42.

[4]2016年农民工监测调查报告［EB/OL］．国家统计局．www. stats. gov. cn/tjsj/zxfb/20170428_1489334. html［2017-04-28］.

[5]石敏，李琴．我国农地流转的动因分析——基于广东省的实证研究［J］．农业技术经济，2014，(1)：49-55.

[6]刘芬华．是何因素阻碍了中国农地流转——基于调研结果及相关观点的解析［J］．经济学家，2011，(2)：83-92.

[7]吴晨．家庭农场经营规模影响因素分析——以美、加等7国历史数据为例［J］．当代经济管理，2016，(6)：35-40.

[8]窦祥铭．中国农地产权制度改革的国际经验借鉴——以美国、日本、以色列为考察对象［J］．世界农业，2012，(9)：39-43.

[9]埃里克·弗鲁博顿，鲁道夫·芮切特．新制度经济学——一个交易费用分析范式［M］．姜建强，罗长远译．上海：上海三联书店，上海人民出版社，2006.

[10]阿尔钦 A A. 产权：一个经典注释．［A］/罗纳德·H. 科斯等．财产权利与制度变迁：产权学派与新制度学派译文集［C］译守英等译．上海：

上海人民出版社，上海三联书店，1994：166-178.

[11] 登姆塞茨 H. 关于产权的理论 . [A] / 罗纳德 · H. 科斯等 . 财产权利与制度变迁：产权学派与新制度学派译文集 [C] . 刘守英等译 . 上海：上海人民出版社，上海三联书店，1994：96-113.

[12] 林毅夫 . 制度、技术与中国农业发展 [M] . 上海：上海三联书店，上海人民出版社，2005.

[13] Alston L J，Libecap G D，Schneider R. The determinants and impact of property rights：land titles on the Brazilian frontier [J] . The Journal of Law，Economics and Organization，1996，(12)：25-61.

[14] 姚洋 . 中国农地制度：一个分析框架 [J] . 中国社会科学，2000，(2)：54-65，206.

[15] 张五常 . 私有产权与分成租佃 . [A] / 罗纳德 · H. 科斯等 . 财产权利与制度变迁：产权学派与新制度学派译文集 [C] . 刘守英等译 . 上海：上海三联书店，上海人民出版社，1994：114-136.

[16] 马贤磊，仇童伟，钱忠好 . 农地产权安全性与农地流转市场的农户参与——基于江苏、湖北、广西、黑龙江四省（区）调查数据的实证分析 [J] . 中国农村经济，2015，(2)：22-37.

[17] Deininger K，Ali D A，Alemu T. Impacts of land certification on tenure security，investment，and land market participation：evidence from Ethiopia [J]. Land Economics，2011，87 (2)：312-334.

[18] Zhou Y，Chand S. Regression and matching estimates of the effects of the land certification program on rural household income in China [J]. Academic Journal of Interdisciplinary Studies，2013，2 (8)：350-359.

[19] 程令国，张晔，刘志彪 . 农地确权促进了中国农村土地的流转吗？[J] . 管理世界，2016，(1)：88-98.

[20] Jacoby H，Minten B. Land titles，investment，and agricultural productivity in Madagascar：a poverty and social impact analysis [R]. The

World Bank，2006.

[21]叶剑平，蒋妍，罗伊·普罗斯特曼，等. 2005年中国农村土地使用权调查研究——17省调查结果及政策建议[J]. 管理世界，2006，(7)：77-84.

[22]罗必良，胡新艳. 中国农业经营制度：挑战、转型与创新——长江学者、华南农业大学博士生导师罗必良教授访谈[J]. 社会科学家，2015，(5)：3-6，161.

[23]Jin S，Deininger K. Land rental markets in the process of rural structural transformation：productivity and equity impacts from China[J]. Journal of Comparative Economics，2009，37(4)：629-646.

[24]张兰，冯淑怡，曲福田. 农地流转区域差异及其成因分析——以江苏省为例[J]. 中国土地科学，2014，28(5)：73-80.

[25]林文声，杨超飞，王志刚. 农地确权对中国农地经营权流转的效应分析—基于H省2009—2014年数据的实证分析[J]. 湖南农业大学学报(社会科学版)，2016，17(1)：15-21.

[26]温铁军. 农民社会保障与土地制度改革[J]. 学习月刊，2006，(19)：20-22.

[27]兰晓红. 农村土地流转动因问题及对策研究[J]. 特区经济，2010，(10)：159-160.

[28]李中. 农村土地流转的博弈分析[J]. 湖南科技大学学报(社会学版)，2013，(2)：120-122.

[29]李光荣. 土地市场蓝皮书：中国农村土地市场发展报告(2015～2016)，北京：社会科学文献出版社，2016.

[30]赵丙奇，周露琼，杨金忠，等. 发达地区与欠发达地区土地流转方式比较及其影响因素分析——基于对浙江省绍兴市和安徽省淮北市的调查[J]. 农业经济问题，2011，(11)：60-65.

[31]罗必良. 农地流转的市场逻辑"产权强度—禀赋效应—交易装置"的

分析线索及案例研究［J］. 南方经济，2014,（5）：1-24.

［32］Teklu T，Lemi A. Factors affecting entry and intensity in informal rental land markets in Southern Ethiopian highlands［J］. Agricultural Economics，2004，30(2)：117-128.

［33］钟涨宝，陈小伍，王绪朗 . 有限理性与农地流转过程中的农户行为选择［J］. 华中科技大学学报（社会科学版），2007,（6）：113-118.

［34］骆东奇，任海珏. 我国农村土地流转预期价格影响因素分析［J]. 西部论坛，2011,（3）：12-17，41.

［35］安海燕，洪名勇 . 农地流转研究综述与展望［J］. 中国农业资源与区划，2014,（3）：21-25.

［36］张建，诸培新，王敏 . 政府干预农地流转：农户收入及资源配置效率［J］. 中国人口・资源与环境，2016,（6）：75-83.

［37］罗必良，刘茜 . 农地流转纠纷：基于合约视角的分析——来自广东省的农户问卷［J］. 广东社会科学，2013,（1）：35-44.

［38］黄丽萍 . 农地承包经营权连片流转的困难和对策探讨［J］. 福建论坛（人文社会科学版），2010,（5）：38-41.

［39］王春超. 农村土地流转、劳动力资源配置与农民收入增长：基于中国17省份农户调查的实证研究［J]. 农业技术经济，2011,（1）：93-101.

［40］马贤磊，仇童伟，钱忠好 . 农地流转中的政府作用：裁判员抑或运动员——基于苏、鄂、桂、黑四省（区）农户农地流转满意度的实证分析［J］. 经济学家，2016,（11）：83-89.

［41］庞锋 . 我国农村土地经营权流转的困境与建构［J］. 内蒙古农业大学学报（社会科学版），2015,（5）：18-22.

［42］张美红，王伟 . 农地承包经营权流转权纠纷的分析与思考——以村委会、村民小组侵害流转权为中心展开［J］. 河南农业，2008,（11）：11，18.

［43］王颜齐，郭翔宇 . 中介组织介入土地承包经营权流转分析［J］. 求是

学刊，2012，39（3）：64-68.

[44] 钱忠好 . 农地承包经营权市场流转的困境与乡村干部行为——对乡村干部行为的分析 [J]. 中国农村观察，2003，(2)：10-13.

[45] Coase R H. The problem of social cost [J]. Journal of Law and Economics，1960，3（1）：1-28.

[46] Arrow K J. The organization of economic activity：issues pertinent to the choice of market versus non-market allocation [J]. Joint Economic Committee，1969，(1)：59-73.

[47] Dahlman C J. The problem of externality [J]. Journal of Law and Economics，1979，22（1）：141-162.

[48] Williamson O E. Transaction-cost economics：the governance of contractual relations [J]. Journal of Law and Economics，1979，(22)：233-261.

[49] Williamson O E. The Economic Institutions of Capitalism [M]. New York：The Free Press，1985.

[50] 郜亮亮，黄季焜，冀县卿 . 村级流转管制对农地流转的影响及其变迁 [J]. 中国农村经济，2014，(12)：18-29.

[51] 张五常 . 佃农理论：应用于亚洲的农业和台湾的土地改革 [M]. 北京：商务印书馆，2001.

[52] 邢姝媛，张文秀，李启宇 . 当前农地流转中的制约因素分析——基于成都市温江、新都等 6 县（市、区）的调查 [J]. 农村经济，2004，(1)：21-24.

[53] 钱文荣 . 农地市场化流转中的政府功能探析——基于浙江省海宁、奉化两市农户行为的实证研究 [J]. 浙江大学学报（人文社会科学版），2003，(5)：154-160.

[54] 刘克春，苏为华 . 农户资源禀赋、交易费用与农户农地使用权流转行为——基于江西省农户调查 [J]. 统计研究，2006，(5)：73-77.

[55] 杨成林 . 中国式家庭农场形成机制研究——基于皖中地区“小大户”的案例分析 [J] . 中国人口·资源与环境，2014，(6)：45-50.

[56] Duke J M，Marišová E，Bandlerová A，et al. Price repression in the Slovak agricultural land market [J]. Land Use Policy，2004，(21)：59-69.

[57] 罗必良，李尚蒲 . 农地流转的交易费用：威廉姆森分析范式及广东的证据 [J] . 农业经济问题，2010，(12)：30-42.

[58] 钟文晶 . 禀赋效应、认知幻觉与交易费用——来自广东省农地经营权流转的农户问卷 [J] . 南方经济，2013，(3)：13-22.

[59] 黄祖辉，王朋 . 农村土地流转：现状问题及对策——兼论土地流转对现代农业发展的影响 [J] . 浙江大学学报（人文社会科学版)，2008，(3)：38-47.

[60] 沈映春，周晓芳 . 关于我国农村土地流转的中介机构研究 [J] . 当代经济管理，2009，(8)：35-38.

[61] 于家丰 . 对我国农村土地承包经营权流转问题的思考 [J] . 中国牧业通讯，2010，(10)：21-22.

[62] 江淑斌，苏群 . 农地流转的中介与担保——基于江苏 599 份地块调查样本的实证分析 [J] . 农村经济，2012，(12)：21-25.

[63] 伍振军，张云华，孔祥智 . 交易费用、政府行为和模式比较：中国土地承包经营权流转实证研究 [J] . 中国软科学，2011，(4)：174-183.

[64] 张洪松 . 农用地流转中的主体意愿与行动策略——基于成都实验的考察 [J] . 农村经济，2010，(8)：84-87.

[65] 田传浩. 农地使用权市场：模式、影响因素及其对农地配置效率的影响——理论与来自苏浙鲁地区的经验 [D]. 杭州：浙江大学，2003.

[66] 仇娟东，赵景峰 . 中国土地承包经营权流转：主要模式、运行条件及交易费用分析 [J] . 经济经纬，2013，(2)：38-43.

[67] 罗必良 . 合约的不稳定与合约治理——以广东东进农牧股份有限公司的土地承租为例 [J] / 张曙光 . 中国制度变迁的案例研究·土地卷（第八

集）[M]. 北京：中国财政经济出版社，2011,（10）：221-260.

[68]郑仲华，周忠. 农村产权交易中心的一个案例样本——基于浙江省象山县的实践[J]. 中国农村金融，2013,（1）：55-56.

[69]管妮娜. 对武汉产权交易市场的观察与思考[J]. 江汉大学学报（社会科学版），2015,（2）：87-91，126.

[70]叶兴庆，张云华，伍振军. 农村产权流转交易市场：现状与问题[J]. 中国农村金融，2015,（2）：35-39.

[71]魏东霞，刘愿. 以市场方式促进农地流转[J]. 开放导报，2014,（2）：68-72.

[72]刘英. 美国土地流转制度研究[J]. 世界农业，2015,（8）：92-97.

[73]窦希铭. 土地流转法律制度比较研究[D]. 北京：中国政法大学，2011.

[74]张红宇，寇广增，李琳，等. 我国普通农户的未来方向——美国家庭农场考察情况与启示[J]. 农村经营管理，2017,（9）：19-24.

[75]王环. 从新农村建设的角度看美国农地产权制度[J]. 世界农业，2007,（7）：6-8.

[76]薛建良，郭新宇. 欧盟主要国家农地流转与土地规模经营的经验与启示[J]. 农业部管理干部学院学报，2015,（2）：18-22.

[77]方西屏. 联邦德国的土地交易[J]. 中国土地科学，1994,（1）：38-42.

[78]周应恒，俞文博，周德. 德国农地管理与农业经营体系研究[J]. 改革与战略，2016,（5）：150-154.

[79]高启杰，齐顾波. 德国的农业规模经营[J]. 中国农垦经济，1997,（3）：46-48.

[80]徐会苹. 德国家庭农场发展对中国发展家庭农场的启示[J]. 河南师范大学学报（哲学社会科学版），2013,（4）：70-73.

[81]马凯，赵海. 德国扶持农业经营主体的措施及启示[J]. 农村工作通

讯，2015,（14）：61-62.
[82]杨国新．德国的农地产权管理[J]．农村经营管理，2011,（2）：47.
[83]杨秉珣．美国和日本的农用土地流转制度[J]．世界农业，2015,（5）：44-46.
[84]邵彦敏．美日现代农地制度的比较与借鉴[J]．东北亚论坛，2004,（4）：80-83.
[85]陈英．日本农地制度改革对我国农地制度改革的启示[J]．学术交流，2004,（5）：72-74.
[86]卞琦娟，孙任洁，王玉霞．日韩土地经营制度的演变及启示[J]．江苏农村经济，2010，（11）：71-73.
[87]史志强．中外土地流转制度比较研究[D]．保定：河北大学，2010.
[88]王琳琳．战后日本农地流转中的政府角色分析[J]．现代日本经济，2017,（5）：52-59.
[89]赵万水．日本农民年金制度对我国土地保障的启示[J]．调研世界，2004,（7）：27-39.
[90]郭红东．日本扩大农地经营规模政策的演变及启示[J]．学习月刊，2004,（5）：34-35.
[91]李刘艳．美日农地流转市场建设及对我国的启示——基于制度层面的分析[J]．河南师范大学学报（哲学社会科学版），2012,（2）：127-129.
[92]陈姝洁，马贤磊，陆凤平，等．中介组织作用对农户农地流转决策的影响——基于经济发达地区的实证研究[J]．中国土地科学，2015,29（11）：48-55.